Manipulationstechniken

Erkennen und abwehren

Andreas Edmüller
Thomas Wilhelm

4. Auflage

HAUFE.

Inhalt

Teil 1: Praxiswissen Manipulationstechniken

Teil 2: Training Manipulationstechniken erkennen und abwehren

Vorwort

Wenn Sie Menschen danach fragen, was ihnen in der Kommunikation mit anderen wichtig ist, worauf sie besonderen Wert legen, dann erhalten Sie häufig Begriffe zur Antwort wie Vertrauen, Ehrlichkeit, Glaubwürdigkeit, Offenheit oder Toleranz. Im Alltag, nicht zuletzt auch im Berufsalltag, erleben wir jedoch oft das genaue Gegenteil. Und zwar meistens dann, wenn es darum geht, den eigenen Standpunkt oder die eigenen Interessen durchzusetzen. Nicht selten ist dann das letzte Mittel, zu dem man greift, Manipulation.

Erfahren Sie, welche Arten von Manipulation Ihnen begegnen können und mit welchen Methoden Sie sich elegant davor schützen, wie Sie in emotional belasteten Situationen die Gesprächsinitiative behalten und Ihre Interessen wahren und wie Sie klassische Argumentationstaktiken und Scheinargumente wirkungsvoll abwehren. So können Sie Gespräche, egal ob in der Gruppe oder unter vier Augen, lösungsbezogen und sachlich gestalten. Und Sie haben es selbst in der Hand, eine Atmosphäre von Vertrauen, Ehrlichkeit, Glaubwürdigkeit, Offenheit und Toleranz zu schaffen.

Dr. Andreas Edmüller, Dr. Thomas Wilhelm

Was ist Manipulation?

Je mehr Schwäche, je mehr Lüge. Die Kraft geht gerade.

Jean Paul

Warum gelingt es manchen Menschen immer wieder, andere zu etwas zu bringen, was diese eigentlich gar nicht wollen? Warum übernehmen wir Standpunkte und Argumente, obwohl wir deutlich spüren, dass wir gerade etwas gegen unseren Willen und gegen unsere Interessen tun? Die Antwort: Wir werden manipuliert. Häufig wird so geschickt manipuliert, dass der Manipulierte gar nicht merkt, wie ihm geschieht.

In diesem Kapitel erfahren Sie

- woran man Manipulation erkennt,
- wie man mit Manipulation umgehen kann.

Ein alltägliches Phänomen

Wie oft akzeptieren wir Meinungen oder lassen uns auf Positionen festlegen, die wir eigentlich nicht vertreten möchten? Wir lassen uns überrumpeln und geben den eigenen Standpunkt wider besseres Wissen auf. Dies kann überall passieren, wo Menschen miteinander reden: in Diskussionen, in Verhandlungen, in Konflikt- oder Kritikgesprächen oder in Gesprächen mit Freunden.

Doch wie reagieren? – Meist wenden wir die typischen Verhaltensmuster gegen Manipulationsversuche an: Wir schlagen zurück und versuchen ebenfalls zu manipulieren oder wir ergreifen die Flucht, lassen uns einschüchtern und geben uns geschlagen.

Wer manipulieren will, hat viele Möglichkeiten, seine Ziele und Absichten zu verwirklichen. Hier nur ein paar Beispiele:

BEISPIELE

Der Manipulator schmeichelt: »Frau Müller, erst gestern habe ich noch zu Herrn Meier gesagt, wie froh wir sein dürfen, Sie in unserem Haus zu haben. Um so weniger verstehe ich im Moment ...«

Er droht: »Überlegen Sie sich gut, ob Sie sich wirklich weiter auf diese Weise verhalten wollen. Wir haben nämlich auch andere Möglichkeiten, um ...«

Er macht Zugeständnisse auf persönlicher Ebene, um auf sachlicher Ebene ein Entgegenkommen zu erringen: »Wissen Sie was, ich habe eine Idee: Ich werde mich um eine Lösung für Ihr kleines familiäres Problem bemühen, und wir lassen die andere Sache auf sich beruhen ...«

Er erzeugt Zeitdruck: »Ich bitte Sie, es möglichst kurz zu machen, in 10 Minuten habe ich einen sehr wichtigen Termin ...«

Wir könnten diese Liste von Manipulationsmöglichkeiten mühelos fortsetzen. Eine solche Liste würde uns zeigen, was alles Manipulation ist. Doch sie würde nicht nur das gesamte Buch füllen, man könnte sich eine so lange Liste auch gar nicht einprägen. Wichtiger ist, Manipulation zu erkennen, egal in welchem Gewand sie auftritt.

So kann Manipulation definiert werden

Wir verstehen unter Manipulation den *bewussten* oder *unbewussten* Einsatz unfairer Verhaltensweisen. In allen Arten von Kommunikationssituationen kann manipuliert werden, zum Beispiel im Rahmen

- einer Verhandlung zur Konfliktlösung,
- eines Informationsgespräches,
- eines Kritikgespräches,
- einer Besprechung,
- einer Entscheidungsfindung in einem Workshop,
- einer Diskussion unter Freunden,
- eines Mitarbeitergesprächs zur Leistungsbeurteilung usw.

Warum beziehen wir in unsere Definition auch unbewusste Verhaltensweisen mit ein? – Manipulation setzt nicht immer die bewusste Anwendung einer klugen Taktik voraus. Oft ist uns selbst nicht klar, dass wir manipulieren. Mitleid zu heischen und in Tränen auszubrechen, können Manipulations versuche sein, ohne dass der Manipulator sie bewusst einsetzt. Natürlich möchte er etwas erreichen, aber nicht immer entscheidet er sich *gezielt* für das Manipulationsmittel, durch das er sein Ziel erreichen kann. Nicht selten unterlaufen uns auch Argumentationsfehler, durch die wir den anderen manipulieren, ohne dass uns klar ist, dass wir im Grunde Scheinargumente benutzen und unseren Gesprächspartner auf unfaire Art beeinflussen.

Welche Verhaltensweisen sind unfair?

Meist können wir intuitiv sehr gut einschätzen, welches Verhalten unfair ist und welches nicht. Doch sollten wir uns ruhig einmal bewusst machen, was als fair gelten darf. Fairness heißt, dass jeder Beteiligte ein Recht darauf hat, seine eigenen Interessen zu wahren und andere Standpunkte nur aus freiwilliger Einsicht zu übernehmen. Demnach verhalte ich mich unfair, wenn ich meinen Gesprächspartner in seinem Recht beschneide, seine Interessen zu vertreten und wenn ich ihm Standpunkte aufdrücke, die er nicht freiwillig akzeptiert.

Mit dieser Definition im Hintergrund können wir salopp formulieren: Der Manipulator möchte mit unfairen Mitteln etwas erreichen.

Wie sollte man mit Manipulation umgehen?

Drohen, schwindeln, nicht verstehen wollen, Informationen zurückhalten, blockieren, ausweichen, verzetteln, verwässern,

Scheinargumente einsetzen, die Person angreifen, erpressen, schmeicheln – das sind nur einige von sehr vielen Arten zu manipulieren. Diese Aufzählung macht uns jedoch schon auf zwei zentrale Probleme im Umgang mit Manipulation aufmerksam:

- Man kann nicht alle Techniken erfassen und sich für jede Technik eine oder mehrere Gegenmaßnahmen überlegen.
- Man weiß oft nicht genau, was der Manipulator eigentlich bezweckt.

Um diese beiden Probleme in den Griff zu bekommen, haben wir ein System entwickelt, das Sie dabei unterstützen soll, Ordnung in diese unüberschaubare Vielfalt von Manipulationstechniken zu bringen und Ihre Reaktionen der Situation gezielt anzupassen:

So gehen Sie vor

1. Technik erkennen und abwehren (Schutz).
2. Strategie des Manipulators erkennen.
3. Faire Gegenmaßnahmen durchführen.

1 Technik erkennen und abwehren (Schutz)

Identifizieren Sie die konkrete Manipulationstechnik, und schützen Sie sich dagegen. Dazu werden wir Ihnen einige wenige einfache und sehr wirkungsvolle Schutztechniken vorstellen, die Sie in vielen Situationen einsetzen können. Ziel ist es, die Manipulationstechnik sofort und elegant zu unterbinden.

2 Strategie des Manipulators erkennen

Überlegen Sie, welche Strategie der Manipulator verfolgt. Ein einfaches Einteilungssystem soll Ihnen dabei helfen, eine Manipulationssituation schneller zu durchschauen. Ziel ist zu erkennen, was der Manipulator bezweckt.

3 Führen Sie Ihre faire Gegenstrategie durch

Ist die manipulatorische Absicht erst einmal durchschaut, kann man auch besser reagieren. Dazu werden wir Ihnen einige einfache und wirkungsvolle Vorgehensweisen anbieten, die in vielen verschiedenen Situationen eingesetzt werden können. Ziel ist, die eigenen Interessen auf faire Art und Weise zu wahren.

Sechs Maximen für den Umgang mit Manipulation

1. Bleiben Sie sachlich und fair.
   Achten Sie auf echte Argumente und wirkliche Begründungen, sowohl dann, wenn Sie selbst argumentieren, als auch dann, wenn Ihr Gesprächspartner die Beweislast trägt und es an ihm ist zu argumentieren.
2. Bleiben Sie ruhig und gelassen.
   Natürlich ist dies einfacher gesagt als getan. Doch wenn Sie sich auf ein paar grundlegende Methoden, die wir Ihnen in diesem Buch vorstellen, konzentrieren, wird Ihnen dies leichter fallen.

3. Reagieren Sie nicht kausal, sondern agieren Sie.
   Wenn wir manipuliert werden, zeigen wir meistens typische Abwehrreaktionen: Der Manipulator ist unfair oder emotional, folglich werden auch wir unfair oder emotional; oft ergreifen wir aber auch die Flucht und geben nach o. Ä. Doch genau auf diese Reaktionen spekuliert der Manipulator – bewusst oder unbewusst. Im Grunde läuft bei einer geglückten Manipulation eine Art Reiz-Reaktionsmechanismus ab. Diesen Mechanismus gilt es zu durchbrechen, um die Gesprächskontrolle zu behalten.
4. Verfolgen Sie beharrlich Ihr Ziel.
   Achten Sie darauf, sich nicht die Initiative nehmen zu lassen, verfolgen Sie Ihre Ziele wenn nötig auch mit ein bisschen Hartnäckigkeit. Lassen Sie sich nicht ablenken. Am besten formulieren Sie für sich bereits vor dem Gespräch ein klares Ziel, das Sie immer vor Augen haben können.
5. Konzentrieren Sie sich auf konkrete Verhaltensweisen.
   Machen Sie nicht den Fehler, das Verhalten, das Sie beobachten, als Verhalten eines bestimmten Personentyps zu deuten à la »Der ist halt ein schwieriger Mensch«, »Die ist eben eine Mimose«. Mit solchen Typisierungen ordnen und filtern Sie bereits alle Ihre Wahrnehmungen. Sie laufen in eine Falle. Dadurch entgehen Ihnen Chancen, Gespräche positiv zu wenden. Achten Sie lieber auf konkrete Verhaltensweisen, und wenn Sie etwas an dieser Verhaltensweise stört, dann äußern Sie es. »Herr Müller Sie haben mir jetzt dreimal hintereinander das Wort abgeschnitten.«

6. Bauen Sie eine goldene Brücke.
   Suchen Sie nach Möglichkeiten, wie das Gespräch wieder einen sachlichen, lösungsbezogenen Verlauf nehmen kann. Bieten Sie Ihrem Gesprächspartner eine solche Möglichkeit an, selbst wenn er sich danebenbenommen hat.

Auf einen Blick: Umgang mit Manipulation

- Bleiben Sie sachlich und fair. Achten Sie auf eine saubere Argumentation.
- Bewahren Sie Ruhe und Gelassenheit. Umgang mit Manipulation ist Nervensache.
- Reagieren Sie nicht kausal, sondern agieren Sie. So behalten Sie die Kontrolle über das Gespräch.
- Beharrlich kommen Sie zum Ziel! Übernehmen Sie die Initiative.
- Konzentrieren Sie sich auf konkrete Verhaltensweisen. So kommen Sie weg vom »Personentypen«.
- Bauen Sie goldene Brücken. So ermöglichen Sie den Wiedereinstieg in die Zusammenarbeit.

Typische Manipulationsstrategien

Wir haben vier Kategorien entwickelt, die Ihnen dabei helfen sollen, Manipulationstechniken auf sinnvolle Weise zu ordnen. Die Ordnung richtet sich nach der Strategie bzw. der Absicht, die der Manipulator verfolgt.

Die vier Grundstrategien sind:

- die Blockadestrategie,
- die Durchsetzungsstrategie,
- Sabotage im Gespräch,
- Sabotage nach dem Gespräch.

Die Blockadestrategie

Mit der Blockadestrategie möchte der Manipulator verhindern, dass sein Gesprächspartner sein Ziel erreicht. Er möchte in der Regel im Gespräch bleiben, verfolgt darüber hinaus aber kein eigenes Ziel.

Eine Blockade kann defensiv/passiv durchgeführt werden, sie kann aber auch offensiv/aktiv angegangen werden. Hier ein paar Beispiele für diese Vorgehensweisen.

Defensiv-passive Vorgehensweisen

- auf eigenem Standpunkt beharren
- Erklärung verweigern
- Informationen blockieren
- keine Antwort auf Fragen geben
- nicht verstehen wollen
- ausweichen
- sich hinter Scheininteressen verstecken

BEISPIEL

Frau Müller fühlt sich von Herrn Schulz unhöflich behandelt. Vor allem stören sie beleidigende Äußerungen wie: »Na, Sie sind ja wohl auch nicht die Schnellste.« oder »Ich glaube, Ihnen muss man alles zweimal sagen, bis Sie etwas verstehen.« Sie sucht das Gespräch mit Herrn Schulz, er zeigt sich prinzipiell gesprächsbereit, aber im Gespräch äußert er immer wieder: »Ich sehe ehrlich gesagt gar nicht, welches Problem Sie haben. Was soll denn an dem, was ich gesagt habe, beleidigend gewesen sein.« Herr Schulz blockiert, indem er vorgibt, das Problem von Frau Müller nicht zu verstehen. Dadurch dreht sich das Gespräch natürlich im Kreis.

Offensiv-aktive Vorgehensweisen

- ablenken (Nebenkriegsschauplätze eröffnen)
- verzetteln
- absichtlich missverstehen
- viel reden, nichts sagen: Nebelkerzen werfen
- Scheinargumente vorbringen
- aufbauschen

BEISPIEL

Herr Kohn möchte mit dem Abteilungsleiter Herrn Mahler über das geplante Prämiensystem sprechen. Er hält es an einigen Stellen für unfair und nicht transparent. Herr Mahler lenkt jedoch geschickt vom Thema ab, indem er Herrn Kohn in ein Gespräch über die neu zu besetzende Stelle in dessen Team verwickelt. Gleichzeitig erzeugt er Zeitdruck, um das Gespräch möglichst schnell zu beenden.

Die Durchsetzungsstrategie

Mit Hilfe der Durchsetzungsstrategie will der Manipulator im Gespräch bleiben und mit allen Mitteln sein Ziel erreichen. Der Manipulator kann dabei überzeugungsorientiert vorgehen, das heißt, er benutzt Argumentationsfallen, Scheinargumente und Überredungstaktiken. Er kann aber auch eine Durchsetzungsmethode verfolgen, die nicht überzeugungsorientiert ist.

Nicht überzeugungsorientierte Vorgehensweisen

- drohen/lügen/erpressen
- selektiv informieren
- persönlich angreifen
- Emotionen aufschaukeln
- Scheinkonzessionen machen
- mein letztes Angebot, dann ...
- den Gegenstand als nicht verhandelbar abtun
- Zeitdruck erzeugen
- schlechtes Gewissen erzeugen

BEISPIEL

Max verhandelt mit seinem Vermieter um die Übernahme von Renovierungskosten. Der Vermieter ist nur bereit, 2.000 Euro zuzuschießen, was die Kosten bei weitem nicht decken würde. Vermieter: »Also ich will Ihnen eines sagen: 2.000 Euro sind mein letztes Wort. Wenn Sie das nicht akzeptieren, dann wird es halt keine Renovierung geben.«

Der Vermieter benutzt die »Mein letztes Angebot«-Methode, um Druck auszuüben und Max zum Einlenken zu bewegen.

Überzeugungsorientierte Vorgehensweisen

- schmeicheln
- auf emotionaler Ebene Zugeständnisse machen, die zu Gegenleistungen auf sachlicher Ebene führen sollen

- an Eitelkeit/Prestige appellieren
- Autorität ausspielen (einschüchtern)
- verunsichern: eigene Lösung als Rettungsanker
- Scheinargumente vorbringen

BEISPIEL

Herr Karl und Frau Huber führen ein Konfliktgespräch, in dem es um die präzisere Zuteilung von Kompetenzen geht. Herr Karl ist Frau Hubers Vorgesetzter. Herr Karl: »Also, Frau Huber, ich muss sagen, Sie machen eine hervorragende Arbeit, es wird ernsthaft hier im Haus erwogen, Sie bei der nächsten Beförderungsrunde zu berücksichtigen. Gerade von Kundenseite hört man nur Positives. Ich verstehe jetzt nicht ganz, warum Sie diese Frage der Kompetenzen so sehr beschäftigt ...«

Herr Karl versucht durch vage Versprechungen und Schmeicheleien Frau Huber »gefügig« zu machen. Herr Karl spekuliert darauf, dass Frau Huber, von ihrer Position ablässt.

Sabotage im Gespräch

Sabotage im Gespräch bedeutet, dass der Manipulator das Gespräch platzen lassen will, ohne aber die Verantwortung dafür übernehmen zu wollen.

Typische Situationen

- absichtlich missverstehen
- Beleidigung provozieren
- Abbruch provozieren

- Unterstellungen äußern
- sich unkooperativ verhalten (nicht ausreden lassen ...)
- lügen
- Tränen fließen lassen
- Gefühlsausbruch als legitime Reaktion deklarieren
- einen Termin vortäuschen, den man vergessen hätte
- Gespräch zu schnell führen/beenden
- ein letztes Angebot machen, dann ...
- den Gegenstand als nicht verhandelbar abtun
- Zeitdruck erzeugen
- schlechtes Gewissen erzeugen
- auf eigenem Standpunkt beharren
- Erklärung verweigern
- Informationen blockieren
- keine Antwort auf Fragen geben

BEISPIEL

Paul hat ein Gespräch mit seinem Teamleiter Peter. Paul glaubt, dass die Verteilung der Teamaufgaben effizienter sein könnte und möchte nun mit Peter darüber sprechen, wie eine solche Aufgabenverteilung angegangen werden könnte.

Peter zu Paul: »Wir werden auf keinen Fall die Arbeit in unserem Team neu verteilen. Da brauchen wir gar nicht zu diskutieren. Ich kann Dir gleich vorab sagen, dass alle deine Versuche, mich vom Gegenteil zu überzeugen, vergebliche Liebesmüh sein werden. Alles bleibt so wie es ist.«

Paul: »Aber es gäbe da eine Möglichkeit, wie wir noch ...«

Peter: »Ich will da gar nichts hören, es gibt einfach keinen Spielraum.« Paul: »Aber ...« Peter: »Nein, Paul.«

Sabotage nach dem Gespräch

Besonders frustrierend ist es, wenn der Manipulator sich im Gespräch zwar durchaus kooperativ zeigt, nach dem Gespräch aber Sabotage betreibt und die vereinbarten Ergebnisse, Lösungen, Maßnahmen etc. zum Scheitern bringt oder unterläuft.

Typische Vorgehensweisen

- Vereinbarungen uminterpretieren
- Vereinbarungen einfach nicht einhalten
- bei anderen hetzen und intrigieren
- Hindernisse und Blockaden aufbauen

Hier ein Beispiel für eine Sabotage nach dem Gespräch, bei der eine Vereinbarung uminterpretiert wird.

BEISPIEL

Herr Gerber ist Projektleiter in einem Softwareprojekt. Frau Luck ist die Vorgesetzte und Auftraggeberin von Herrn Gerber. Frau Luck ist unzufrieden mit dem Informationsfluss. In einem Gespräch zu diesem Thema vereinbaren sie, dass Herr Gerber Frau Luck jede Woche einen Statusbericht zum Projektverlauf vorlegt.

Frau Luck erhält nun zwar jede Woche einen Bericht, aber die Informationen darin sind so spärlich, dass sie sich wieder kein konkretes Bild vom Projektstand machen kann. Frau Luck fordert von Herrn Gerber eine Erklärung.

Herr Gerber: »Ich bin davon ausgegangen, dass die Informationen möglichst kurz sein sollten, damit Sie sich schnell einen Überblick verschaffen können.«

Frau Luck: »Aber diese Informationen sind doch wenig wertvoll.«

Herr Gerber: »Dann habe ich Sie wohl falsch verstanden.«

Ob jemand nach einem Gespräch Sabotage betreiben wird, ist natürlich nicht leicht zu erkennen. Man sollte aufpassen, nicht vorschnell zu einem Urteil zu kommen. Daher wird man über einen etwas längeren Zeitraum hinweg beobachten müssen, wie sich der Gesprächspartner verhält. Vor allem ist es wichtig, dass Ihre Vereinbarungen so präzise und unmissverständlich wie möglich sind. Vereinbarungen schriftlich zu fixieren kann dabei eine hilfreiche Methode sein.

Auf einen Blick: Die vier Manipulationsstrategien
1. Blockadestrategie
2. Durchsetzungsstrategie
3. Sabotage im Gespräch
4. Sabotage nach dem Gespräch

Elegante Abwehrtechniken

Wir werden Ihnen nun einige wirkungsvolle Abwehrmethoden bzw. Kommunikationstechniken vorstellen, die Sie effizient einsetzen können, wenn Sie manipuliert werden.

In diesem Kapitel lernen Sie folgende Kommunikationstechniken kennen, die Ihnen beim Umgang mit Manipulationen dienlich sind:

- fragen und zuhören,
- ignorieren und weitermachen,
- sich dumm stellen,
- Schallplatte mit Sprung auflegen,
- Perspektive wechseln und
- aus der Situation treten.

Für drastischere Fälle zeigen wir Ihnen die folgenden Abwehrmethoden:

- Blockaden abwehren,
- das Gespräch abbrechen.

Fragen und zuhören

Fragen und zuhören gehören zu jeder gelungenen Unterhaltung, sie sind selbstverständliche Elemente unserer täglichen Gespräche. Richtiges Fragen und Zuhören sind unerlässlich, will man geschickt auf Manipulationsversuche reagieren und der Manipulation entgegenwirken.

Die Kunst, die richtigen Fragen zu stellen

Der bewusste Umgang mit Fragen ist eines der zentralen Elemente der Kommunikation. Meistens werden Fragen als Kommunikationsmittel unterschätzt. Viele Menschen haben das Gefühl, wenn sie zunächst nur Fragen stellen und nicht sofort einen eigenen Standpunkt formulieren, würden sie Chancen verpassen, sich im Gespräch durchzusetzen. Das Gegenteil ist der Fall: Durch Fragen erhöhen Sie die Chancen, eine positive Beziehung zu Ihrem Gesprächspartner aufzubauen und Ihr Gesprächsziel zu erreichen. Warum?

Mit Hilfe kluger Fragen

- gewinnen Sie wichtige Informationen, die Ihnen helfen, Ihre Gesprächstaktik anzupassen; denn durch Fragen finden Sie heraus, worauf es dem Gesprächspartner ankommt und was ihm wichtig ist;
- beziehen Sie den Gesprächspartner aktiv mit ein, Sie zeigen sich somit von Anfang an als Partner und nicht als Gegner;

- können Sie Konfrontationen vermeiden, Gespräche versachlichen und somit emotional schwierige Situationen besser meistern.

Durch Fragen erweisen Sie Ihrem Gesprächspartner Wertschätzung – und jedem Menschen liegt daran, dass ihm Wertschätzung und Respekt entgegengebracht wird.

Das folgende persönliche Erlebnis illustriert, wie durch mangelndes Fragen Chancen verpasst werden.

BEISPIEL

Vor einiger Zeit wollte ich mir ein Smartphone zulegen. Da ich mich nicht gut auskenne, kam es mir sehr auf eine professionelle Beratung an. Im ersten Geschäft entwickelte sich folgendes Gespräch:

Verkäufer: »Kann ich Ihnen helfen?« (Standardfrage)

Ich: »Ja, sehr gern.« (Der Verkäufer scheint leicht überrascht bis erschrocken. Kurze Pause.)

Ich: »Ich möchte mir ein Smartphone zulegen.«

Verkäufer: »Da haben wir gerade zwei Produkte im Angebot, nämlich ...«

Der Verkäufer stellt mir sofort zwei Produkte vor. Er fragt nicht, was das Smartphone alles können soll, worauf es mir bei dem Gerät ankommt. Stattdessen erklärt er mir sofort die Vorzüge von zwei bestimmten Produkten. Ich verstehe nur die Hälfte. Er redet an mir vorbei. Obwohl man bemerken kann, dass der Verkäufer irgendeine Art von Schulung hinter sich hat, bin ich äußerst unzufrieden. Denn im Grunde ist er überhaupt nicht auf mich und meine Bedürfnisse eingegangen.

Durch den aktiven Einsatz von Fragen hätte der Verkäufer wesentlich kundenorientierter vorgehen können. Er hätte herausfinden können, was mir wirklich wichtig ist, und welches Produkt ich tatsächlich brauche.

Offene und geschlossene Fragen

Um Fragen gezielter einsetzen zu können, sollten Sie sich den Unterschied zwischen offenen und geschlossenen Fragen bewusst machen. Offene Fragen fordern ganze Sätze als Antwort, während man auf eine geschlossene Frage mit einem einzigen Wort oder der knappen Nennung einer Tatsache ausreichend reagiert hat. Die Antwort auf eine offene Frage fällt in aller Regel länger und ausführlicher aus als die meist knappe Reaktion auf eine geschlossene Frage.

Mit offenen Fragen kann man den Gesprächspartner stärker einbeziehen. Sie haben den Vorteil, dass sie den Gesprächspartner zum Nachdenken anregen, ihn einladen, sich intensiv mit einer Sache auseinanderzusetzen und eigene Lösungsvorschläge vorzubringen. Durch offene Fragen erfährt man in aller Regel mehr als durch geschlossene. Hier einige Beispiele:

- Wie müsste eine Lösung Ihrer Meinung nach aussehen?
- Welche Wünsche haben Sie hierzu?
- Wie äußert sich das Problem genau?
- Wofür interessieren Sie sich besonders?

Geschlossene Fragen können ganz kurz mit einer Geste oder einem Wort beantwortet werden. Die folgenden Fragen sind Beispiele für geschlossene Fragen:

- Möchten Sie darüber noch einmal nachdenken?
- Sind Sie einverstanden, wenn wir eine kurze Pause machen?

- Wie ist Ihr Name?
- Haben Sie eine Entscheidung getroffen?

Fragen nach dem Einverständnis sind wichtige geschlossene Fragen. Auch bei unklaren und weitschweifigen Äußerungen eignen sich geschlossene Fragen sehr gut, um den Gesprächspartner dazu zu bringen, sich präziser auszudrücken.

Offene Fragen wendet man an, um

- tiefergehende Informationen zu erhalten,
- freie Meinungsäußerung zu fördern,
- zum Nachdenken anzuregen.

Geschlossene Fragen wendet man an, um

- Einverständnis bzw. Zustimmung einzuholen,
- eine Bestätigung zu bekommen,
- Gespräche möglichst straff zu führen,
- Übereinstimmung zu sichern,
- eine klare Antwort zu bekommen.

Die Nachfragetechnik

Bei der Nachfragetechnik beziehen Sie sich auf die unmittelbar vorangehende Äußerung. Diese Technik dient in erster Linie dazu, die Äußerung besser zu verstehen oder den Gesprächspartner einzuladen, seine eigene Aussage zu präzisieren oder zu hinterfragen. Nachfragen hilft immer dort, wo es ungenau wird oder auch wo jemand bewusst etwas verschleiern will.

Im Beispiel benutzt Moritz die Nachfragetechnik:

BEISPIEL

Max: »Ich sehe da einige Punkte, die ich für kritisch halte.«

Moritz: »Welche Punkte meinen Sie genau?«

Max: »Sie werden sicher schon lang einen Plan ausgeheckt haben?«

Moritz: »Woraus schließen Sie das?«

Max: »Was Sie vorschlagen, ist doch wenig realistisch.«

Moritz: »Was meinen Sie mit wenig realistisch?«

Die Kunst richtig zuzuhören

Das Gegenstück zum Fragen ist natürlich das Zuhören. Wenn ich Fragen gestellt habe, muss ich auch bereit sein zuzuhören. Einfühlsames Zuhören spielt eine entscheidende Rolle in der Gesprächsführung und beim Umgang mit Manipulation.

Zuhören bedeutet,

- sich dem Gesprächspartner mit voller Aufmerksamkeit zuzuwenden, sich auf ihn einzulassen,
- sich in die Situation des Gesprächspartners hineinzuversetzen, um seine Sichtweise oder seinen Standpunkt zu verstehen. Dabei muss ich den Standpunkt des anderen nicht akzeptieren.

Zuhören ist in erster Linie eine Sache der inneren Einstellung und keine bloße Technik. Zuhören erfordert enorme Konzentration und ist daher eine der anstrengendsten Kommunikationsmethoden. Doch man kann professionelles Zuhören üben und trainieren.

Warum ist Zuhören überhaupt wichtig?

Wer zuhören kann, baut leichter eine vertrauensvolle Beziehung zum Gesprächspartner auf. Zuhören ist wie aktives Fragen ein sogenannter »Türöffner«, der einen tieferen und persönlicheren Zugang zum Gesprächspartner ermöglicht. Eher aggressive Emotionen können leichter abgebaut werden. Wie das Fragen so ist auch das Zuhören eine hervorragende Methode, um Gespräche zu versachlichen und damit konstruktiver zu gestalten. Gutes Zuhören hilft außerdem, Missverständnisse zu vermeiden.

Die Grundregel professionellen Zuhörens ist: Man muss dem anderen zeigen, dass man zuhört. Dazu gibt es prinzipiell drei Möglichkeiten: schweigendes Zuhören, Zuhören mittels Aufmerksamkeitsreaktionen und aktives Zuhören.

- **Schweigendes Zuhören**
  Der Zuhörer ist still, aufmerksam und zeigt durch seine dem Gesprächspartner zugewandte Körperhaltung, dass er zuhört.
- **Zuhören mittels Aufmerksamkeitsreaktionen**
  Der Zuhörer zeigt durch typische Aufmerksamkeitsreaktionen, dass er zuhört (Kopfnicken, »aha«, »wirklich?« u. ä.)

- **Aktives Zuhören**
  Der Zuhörer fragt nach, fasst das Gesagte mit eigenen Worten noch einmal zusammen oder spiegelt wider, was in der Äußerung des Gesprächspartners an Gefühlen und Emotionen mitschwingt.

Das aktive Zuhören ist die höchste Form professionellen Zuhörens. Es gibt verschiedene Formen, aktiv zuzuhören:

- durch Nachfragen,
- indem man das Gesagte (die inhaltliche Botschaft) zurückmeldet bzw. zurückspiegelt,
- indem man das Gemeinte (Emotionale) zurückmeldet bzw. zurückspiegelt.

Folgende Beispiele veranschaulichen diese Formen des aktiven Zuhörens.

BEISPIEL

Der Zuhörer Moritz fragt nach:

Max: »Ich glaube, wir haben eine gute Lösung erarbeitet, ich bin sehr zufrieden.«

Moritz: »Das freut mich. Was halten Sie denn bei unserer Lösung für besonders gelungen?«

Der Zuhörer Moritz fasst die inhaltliche Botschaft zusammen und meldet sie zurück:

Max: »Die Hotels würden alle gewinnen, wenn Sie sich mehr um die Familien kümmern würden. Gerade für Familien ist es ja oft schwierig, eine passende Unterkunft zu bekommen, bei denen auch Angebote für Kinder vorhanden sind.«

Moritz: »Sie denken, dass die Hotels im Umgang mit Familien noch Nachholbedarf haben?«

Max: »Auf jeden Fall.«

Der Zuhörer Moritz spiegelt zurück, was an Emotionen in der Äußerung mitschwingt:

Max: »Diese Besprechung war so was von überflüssig, ich habe meine Zeit wieder nur verplempert.«

Moritz: »Sie scheinen ja ganz schön verärgert zu sein.«

Max: »Das kann man wohl sagen.«

Übrigens kommt es beim Zuhören nicht so sehr darauf an, dass ich absolut korrekt wiedergebe, was der andere sagt oder fühlt. Mindestens genauso wichtig ist, dass ich durch aktives Zuhören dem anderen die Möglichkeit gebe, mich zu korrigieren. Vielleicht habe ich seine Äußerung ja falsch aufgefasst. Durch aktives Zuhören kann ich dies überprüfen und somit echtes Verständnis aufbauen.

Einfühlsames, aktives Zuhören und aktives Fragen kann man im Gespräch sehr gut miteinander verbinden. In der Kombination bieten beide Methoden eine gute Möglichkeit, Gespräche zu versachlichen und zu präzisieren. Die nächste Methode, die wir Ihnen als Kommunikationstechnik im Umgang mit Manipulation vorstellen, macht im Wesentlichen von diesen beiden Methoden Gebrauch.

Das Gespräch versachlichen: der Präzisierungstrichter

Der Präzisierungstrichter ist eine sehr einfache, elegante und wirkungsvolle Methode, um

- emotional geladene Situationen zu versachlichen,
- Wesentliches von Unwesentlichem zu trennen,
- Prioritäten zu erkennen und zu vereinbaren,
- zum Kern zu kommen,
- Einsicht bei Vielrednern oder Angreifern zu schaffen.

Die Grundidee: durch aktives Fragen präzisieren.

Konfrontiert mit Äußerungen des Gesprächspartners hört man aktiv zu und setzt gezielt Präzisierungsfragen ein, um dadurch auf konkrete Fakten und Tatsachen zu kommen.

BEISPIEL

Herr Kern: »Ah, Herr Piper, gut, dass ich Sie treffe. Mit Ihnen habe ich sowieso ein Hühnchen zu rupfen. Die Präsentation von Ihrem Mitarbeiter gestern ließ ja mehr als zu wünschen übrig, und die Informationsweitergabe klappt auch überhaupt nicht. Wenn sich nicht bald was ändert, dann wird das ernsthafte Konsequenzen haben. Ich lasse mir von Ihren Leuten doch nicht auf der Nase herumtanzen ...«

Herr Piper: »Jetzt bin ich ein bisschen überrascht. Wenn ich Sie richtig verstanden habe, gibt es gleich zwei Probleme: die Präsentation von Herrn Meier und etwas, was mit unserer Informationsweitergabe nicht stimmt. Lassen Sie uns die beiden Punkte doch klären. *Mit welchem sollen wir denn anfangen?*«

Herr Kern: »Meinetwegen mit der Präsentation von Meier.«

Herr Piper: »*Was ist denn da genau vorgefallen?*«

Herr Kern: »Tja – der war überhaupt nicht vorbereitet.«

Herr Piper: »*Was heißt ‚nicht vorbereitet'?*«

Herr Kern: »Er hatte keine Unterlagen dabei, wie ausgemacht, und die Folien entsprachen auch nicht meinen Vorstellungen.«

Herr Piper: »*Sie hatten mit ihm die klare Vereinbarung getroffen, Unterlagen mitzubringen, und das hat er nicht getan?*«

Herr Kern: »Ja genau.«

Herr Piper: »Das wäre also die eine Sache, dass hier eine Vereinbarung nicht eingehalten wurde. *Wie verhält sich das mit den Folien?*«

An diesem Punkt verläuft das Gespräch zwischen Herrn Kern und Herrn Piper schon wesentlich sachlicher und konstruktiver. Wichtig ist dabei, so lange nachzufragen und gut zuzuhören, bis allen Beteiligten wirklich klar ist, worum es genau geht. Oft wird der Fehler gemacht, sich sofort zu rechtfertigen, wenn man mit Vorwürfen konfrontiert wird. Das ist eine typische kausale Reaktion. Das Ergebnis ist meistens, dass ein unfruchtbarer Streit entsteht. Die Situation schaukelt sich auf und eskaliert.

Der Präzisierungstrichter kann nicht nur gut eingesetzt werden, wenn der Manipulator sehr emotional ist, sondern auch dann, wenn er sich in Nebensächlichkeiten verzettelt.

BEISPIEL

Lydia hat Konflikte im Team. Susanne, ihre Vorgesetzte, sucht ein Gespräch mit ihr. Im Gespräch schweift Lydia ständig ab, beschwert sich über Gott und die Welt und bringt eine ganz Palette von Punkten, die alle gleichrangig nebeneinander zu stehen scheinen. Susanne möchte zuerst Lydias Interessen und Bedürfnisse verstehen und benutzt den Präzisierungstrichter.

Susanne: »Sie haben jetzt eine ganze Reihe von Punkten erwähnt. *Welcher davon ist Ihnen am wichtigsten?*«

Lydia: »Mir sind alle gleich wichtig.«

Susanne: »Gut, wenn Ihnen also alle gleich wichtig sind, *mit welchem sollten wir unbedingt starten*?«

Lydia: »Weiß ich nicht.«

Susanne: »*Erscheint Ihnen im Moment dringender, ein Gespräch mit Franz zu führen oder Ihr Projekt zu erledigen?* Das waren ja zwei Punkte, die Sie erwähnt haben.«

Lydia: »Das Gespräch mit Franz vielleicht.«

Lydia zeigt sich nicht besonders kooperativ. Susanne lässt sich aber dadurch nicht beirren und fragt so lange weiter, bis sie zu konkreten Punkten kommt.

Ignorieren und weitermachen

Ignorieren und weitermachen ist die zurückhaltendste Reaktion auf eine erkannte Manipulationstechnik. Sie gehen schlicht und einfach nicht auf den Manipulationsversuch ein und übergehen die betreffende Äußerung. So wird der Gesprächspartner gewarnt, ohne sein Gesicht zu verlieren.

Dabei können und sollten Sie den Gesprächspartner aber ruhig merken lassen, dass Sie sehr wohl wahrgenommen haben, dass er etwas versucht hat, z. B. durch

- eine Pause im Gespräch (Nachdenken);
- eine Frage: »Sind Sie einverstanden, dass wir wieder weitermachen?«;
- durch einen betont konstruktiven Beitrag ihrerseits.

BEISPIEL

Die Situation: Sie hatten sich mit Ihrem Gesprächspartner darauf geeinigt, dass zunächst jede Seite die Chance erhält, ihre Interessenlage darzustellen, bevor nach Lösungsmöglichkeiten gesucht wird. Nun hat Ihr Gesprächspartner aber gerade versucht, Ihnen seine Lösung aufzudrücken, ohne sich nach Ihren Interessen zu erkundigen: ein Überrumpelungsversuch. Sie führen das auf eine gewisse Nervosität oder Unsicherheit zurück, ignorieren dieses Manöver einfach und arbeiten konstruktiv weiter: »Mir ist es sehr wichtig, Ihnen meine Interessenlage darzustellen, bevor wir dann im nächsten Schritt zusammen nach Lösungen suchen ...«

Typische Situationen

- Der Manipulator macht einen dummen Scherz oder eine zynische Bemerkung.
- Der Manipulator äußert sich abfällig.
- Er versucht, Sie zu überrumpeln, und drückt aufs Tempo.
- Er gibt sich betont desinteressiert und gelangweilt.

Dumm stellen und Band zurückspulen

Wenn Sie sich dumm stellen, reagieren Sie zwar auf einen Manipulationsversuch, aber Sie interpretieren ihn offiziell als ein Missverständnis oder eine kleine Verwirrung ihrerseits. Bevor das Gespräch fortgeführt werden kann, muss das Missverständnis geklärt bzw. die Verwirrung beseitigt werden. Damit vermeiden Sie es, den Gesprächspartner als Manipulator zu »outen« – er oder sie kann das Gesicht wahren und hat ein elegantes Warnsignal erhalten.

BEISPIEL

Die Situation: Sie haben einen Konflikt mit Ihrem Gesprächspartner. Sie haben sich darauf geeinigt, ein Konfliktlösungsmodell anzuwenden, bei dem zunächst jede Seite ihren Standpunkt darstellen und erläutern soll. Ihr Gesprächspartner hat sich nicht an die Abmachung gehalten. Er hat seinen Standpunkt erst gar nicht präsentiert, sondern gleich seinen Lösungsvorschlag hervorgezaubert. Sie stellen sich dumm.

Sie: »Moment, ich bin jetzt etwas verwirrt. Vorhin hatten wir uns darauf geeinigt, das Konfliktlösungsmodell Schritt für Schritt durchzuspielen. Ich habe Ihnen gerade meinen Standpunkt dargelegt. Eigentlich wäre es jetzt an Ihnen, mir Ihre Sicht der Dinge zu schildern. Sie haben mir aber gerade eine sehr präzise Lösung als Ihr letztes Angebot vorgeschlagen. War das jetzt ein Vorgriff oder ein Beispiel ...?«

Typische Situationen

- Der Manipulator versucht, Sie zu überrumpeln.
- Er lenkt vom eigentlichen Thema ab.
- Es wurde eine Vereinbarung getroffen und jetzt möchte der Manipulator plötzlich nachverhandeln.
- Der Manipulator versucht, Ihnen ein schlechtes Gewissen einzureden.

Schallplatte mit Sprung

Wenn man merkt, dass der Gesprächspartner vom Thema ablenken möchte, dass man eingeschüchtert, angegriffen, gereizt oder überrumpelt werden soll, kann es sehr hilfreich sein, die Schallplatte mit Sprung aufzulegen. Das geht ganz einfach:

Sie sagen immer wieder

- was Sie wollen oder
- worauf es Ihnen ankommt oder
- was Ihnen wichtig ist oder
- was Sie fragen möchten usw.

BEISPIEL

Hans ist mit seinem Mitarbeiter Klaus unzufrieden. Jeden zweiten Tag kommt er mehr als 20 Minuten zu spät zum Dienst. Er führt ein Kritikgespräch mit Klaus. Klaus versucht im Gespräch, immer wieder geschickt abzulenken.

Hans: »Klaus, ich möchte mit Ihnen gern über Ihr Zuspätkommen sprechen. Das ärgert mich ehrlich gesagt.«

Klaus: »Dass ich mal zu spät komme ärgert Sie? Schauen Sie sich lieber mal an, wie viel Arbeit da oft liegen bleibt. Ich wollte schon lange mit Ihnen darüber sprechen, wie wir das besser in den Griff bekommen könnten ...«

Hans: »Das ist bestimmt ein interessantes Thema, im Moment interessiert mich aber nur Ihr Zuspätkommen. Und darüber möchte ich mich mit Ihnen unterhalten.«

Klaus: »Immer hat man es auf mich abgesehen. Ich verstehe das nicht. Bei der Urlaubsplanung werden meine Wünsche auch nicht richtig berücksichtigt.«

Hans: »Die Urlaubsplanung steht auf einem anderen Blatt. Ich möchte jetzt gern mit Ihnen darüber sprechen, dass Sie jeden zweiten Tag zu spät zum Dienst kommen.«

Spätestens jetzt sollte es Hans eigentlich gelungen sein, mit Klaus über das eigentliche Gesprächsthema zu reden.

Doch Vorsicht: Wie alle anderen Gesprächstechniken muss man die Schallplatte mit Sprung üben, üben, üben. Denn schon von Kindesbeinen an wird uns abtrainiert, direkt und hartnäckig zu sein. Aber: Die Schallplatte mit Sprung ist moralisch einwandfrei, niemand wird getäuscht, manipuliert, missachtet oder abgewertet. Man macht nur von seinem Recht Gebrauch, das zu sagen, was man will.

Typische Situationen

- Der Manipulator möchte Sie zu etwas bringen oder Ihnen etwas verkaufen, was Sie ablehnen.
- Der Manipulator versucht vom Thema abzulenken.
- Er möchte Nebenkriegsschauplätze eröffnen.
- Der Manipulator lässt Sie nicht ausreden und unterbricht Sie laufend.

Perspektive wechseln

Auch diese Schutztechnik ist im Grunde sehr einfach. Sie antworten nicht direkt auf einen Manipulationsversuch, sondern laden Ihren Gesprächspartner ein, die Situation mit Ihren Augen oder mit den Augen eines anderen zu sehen. Sie führen ganz bewusst einen Perspektivwechsel herbei.

BEISPIEL

Max: »Also, Moritz, ich möchte jetzt einfach nicht mehr diskutieren. Entweder akzeptierst Du meinen Vorschlag oder ich entscheide die Sache ganz allein, und dann wirst Du schon sehen, wo Du bleibst!«

Moritz: »Max, diese Äußerung irritiert mich jetzt. Was glaubst Du, wie das jetzt auf mich wirkt?«

Hier lädt Moritz Max ein, sich die Sache mal aus seiner Sicht anzusehen. Im folgenden Fall bietet Moritz die Perspektive einer dritten Partei an.

Max: »Also ich kann einfach nicht verstehen, warum Dir mein Vorschlag nicht gefällt. Warum bist Du so unkooperativ?« Moritz: »Stell Dir vor, wir setzen Deinen Vorschlag um. Was werden dann Kasperl und Krampus machen?«

Typische Situationen

- Der Manipulator will nicht verstehen.
- Er stellt sich stur.
- Er beharrt auf seinem Standpunkt und gräbt sich in seine Position ein.

Aus der Situation treten

Manchmal ist es zur Abwehr von Manipulationstechniken am besten, den »Stier bei den Hörnern zu packen«, das Gespräch entschlossen zu unterbrechen und den Manipulationsversuch offen anzusprechen. Das geht auf elegante Weise mit der folgenden Technik:

1. Gespräch klar und deutlich unterbrechen.
2. Unterbrechung kurz und klar begründen.
3. Wie geht es weiter?

BEISPIEL 1

Kurt wurde als Moderator eingeladen, um ein Team dabei zu unterstützen, einen schon lange schwelenden Konflikt zu bearbeiten. Die Teammitglieder schweifen in der Diskussion jedoch ab. Schließlich »tritt Kurt aus der Situation«.

Kurt:

1. »Ich unterbreche die Diskussion.«

2. »Ich habe den Eindruck, es geht hier nicht mehr um die eigentliche Sachfrage, sondern um eine Meinungsverschiedenheit, die mit dem Thema nichts zu tun hat.«

3. »Ich werde die Ausgangsfrage noch einmal wiederholen, dann die wichtigsten Sachergebnisse der Diskussion zusammenfassen und dann werden wir die Diskussion wieder aufnehmen. Sind Sie damit einverstanden?«

Kurt unterbricht die Diskussion deutlich, er spricht die unergiebige Situation an und macht schließlich einen Vorschlag, wie es weitergehen könnte.

Im nächsten Beispiel benutzt Karin die Methode *Aus der Situation treten*, um sich vor Unterbrechungen zu schützen.

BEISPIEL 2

Karin:

1. »Moment, jetzt möchte ich nicht mehr weitermachen – Auszeit!«

2. »Sie haben mir jetzt zum zweiten Mal das Wort abgeschnitten. Wir hatten uns auf die Regel geeinigt, dass jeder von uns ausreden darf.«

3. »Ich möchte jetzt mein Argument zu Ende führen; dann höre ich mir gerne Ihre Ansicht an. Sind Sie damit einverstanden?«

Auch Karin unterbricht das Gespräch klar und deutlich, sie spricht den Manipulationsversuch (nicht ausreden lassen) an, und sie macht einen Vorschlag, wie es weitergehen sollte.

Der Kernpunkt dieser Methode ist, dass der Manipulationsversuch direkt angesprochen und identifiziert wird. Bevor man dies jedoch tut, sollte man das Gespräch deutlich erkennbar unterbrechen. Dies ist wichtig, damit die Sachebene des Gesprächs nicht mit der Beziehungsebene der Gesprächsteilnehmer vermischt werden kann. Nimmt man diese Trennung nicht deutlich genug vor, können sich das eigentliche Gesprächsthema und die Frage danach, wie miteinander im Gespräch umgegangen wird, so ineinander verschränken, dass nicht mehr erkennbar ist, worum es eigentlich geht.

Typische Situationen

- Der Manipulator hat bereits mehrfach Manipulationsversuche unternommen.
- Der Manipulationsversuch ist besonders drastisch (zum Beispiel eine Beleidigung).
- Andere Methoden konnten den Manipulator nicht dazu bringen, sein manipulatives Verhalten abzustellen.

Wie Sie mit Blockaden umgehen

Wie oft gerät man mit einem Gespräch nicht in die Sackgasse! Der Gesprächspartner mauert und versucht das Gespräch zu blockieren. Das folgende Eskalationsmodell beschreibt die verschiedenen Schritte oder Phasen, mit denen man auf eine massive Blockade reagieren kann. Von Phase zu Phase werden die Mittel und Methoden, die Sie einsetzen, direkter und deutlicher.

So gehen Sie vor

1. Verstehen
2. Kooperation unterstellen
3. Kooperation signalisieren
4. Blockade ansprechen
5. Macht fair einsetzen

Schritt 1: Verstehen

Sie haben die Blockade wahrgenommen und versuchen nun, die Situation des Gesprächspartners zu verstehen. In dieser Phase hören Sie vor allem zu und stellen Fragen – am besten offene. Verwenden Sie die oben beschriebene Methode des Präzisierungstrichters. Ihr Ziel sollte sein, herauszufinden, was Ihrem Gesprächspartner wichtig ist, welche Bedürfnisse er hat und vielleicht auch welche Befürchtungen.

Schritt 2: Kooperation unterstellen

Auch wenn Ihr Gesprächspartner weiterhin mauert – unterstellen Sie zunächst Kooperationsbereitschaft. Sie könnten dabei die Methoden wählen:

- *ignorieren und weitermachen*
  »Gut, lassen Sie uns im Modell fortfahren, ich möchte Ihnen zuerst meinen Standpunkt schildern ...«
- *dumm stellen*
  »Eines ist mir jetzt nicht ganz klar, wahrscheinlich habe ich mich nicht korrekt ausgedrückt ...«
- die Verhaltensweise *positiv interpretieren*
  »Da Sie auf meine Frage nicht antworten möchten, vermute ich, dass Sie einen sehr wichtigen Grund dafür haben. Ich möchte meine Frage daher zurückziehen ...«

Schritt 3: Kooperation signalisieren

In Phase 3 können Sie nun versuchen, Kooperation zu signalisieren. Am besten dadurch, dass Sie den ersten Schritt unternehmen. (»Ich nehme zur Kenntnis, dass Sie offenbar nicht sofort

Ihre Interessenlage darlegen wollen. Lassen Sie mich dann den ersten Schritt tun, indem ich Ihnen meine Erwartungen nenne. Sind Sie einverstanden?«)

Löst sich die Blockade trotzdem nicht, sollten Sie Schritt 4 anwenden.

Schritt 4: Blockade ansprechen

In diesem Schritt benutzen Sie die Methode *Aus der Situation treten*, das heißt, Sie unterbrechen das Gespräch und sprechen die Blockade direkt an: »Ich möchte das Gespräch an dieser Stelle unterbrechen, wir sitzen nun schon 20 Minuten zusammen. Sie haben bisher auf keine meiner Fragen geantwortet und auch keinen Vorschlag unterbreitet, was wir Ihrer Meinung nach tun sollen. Ehrlich gesagt, habe ich das Gefühl, sie mauern ganz einfach. Was ist denn los?«

Stellen wir uns vor, auch durch Schritt 4 kommen Sie nicht weiter.

Schritt 5: Macht fair einsetzen

In Schritt 5 setzen Sie auf faire Weise Ihre Macht ein. Doch worin besteht Ihre Macht? – Die Macht, die Sie in einem Gespräch einsetzen können, ist Ihre Ausstiegsoption (Macht = Ausstiegsoption). Die Ausstiegsoption bestimmt das, was Sie tun, wenn das Gespräch mit Ihrem Gesprächspartner scheitert. Schon vor dem Gespräch sollten Sie sich fragen, wie Sie vorgehen wollen, wenn das Gespräch scheitert. Dabei kommt es darauf an, dass Sie fair bleiben – fair heißt, dass Sie dem Gesprächspartner ankündigen, was Sie tun, und ihm die Gelegenheit einräumen, zu einem sachlichen und ergebnisorientierten Gespräch zurückzukehren. Dabei gehen Sie am besten schrittweise vor:

1. Kündigen Sie Ihr Vorhaben als faires Angebot an.
2. Setzen Sie Ihre Macht klar begründet ein.
3. Handeln Sie mit dieser Begründung konsequent.

BEISPIEL

Herr Müller hat wiederholt wichtige an ihn delegierte Aufgaben einfach nicht erfüllt. Die Abläufe im Team leiden darunter sehr.

Sie sind die Teamleitung und führen ein Konfliktgespräch mit Herrn Müller. Offensichtlich blockiert Herr Müller. Sie haben die Stufen 1, 2 und 3 des Eskalationsmodells zur Überwindung einer Blockade erfolglos durchlaufen und setzen das Gespräch auf Stufe 4 fort:

Blockade ansprechen
Sie: »Auszeit! Ich sehe im Moment keine Möglichkeit, den Konflikt vernünftig zu lösen. Ich habe den Eindruck, Sie haben an dem Gespräch bzw. an einer gemeinsamen Suche nach Lösungen kein Interesse. Was ist los?« Herr Müller mauert weiter.

Macht einsetzen
1. Ankündigen als faires Angebot:
»Ich sehe jetzt zwei Möglichkeiten: Wir legen gemeinsam bis 15 Uhr eine Lösung fest, oder ich werde von meiner Leitungskompetenz Gebrauch machen und eine Abmahnung aussprechen. Aber ich hoffe doch sehr, wir finden gemeinsam doch noch eine dauerhafte und sinnvolle Lösung und schaffen die Sache aus der Welt. Was schlagen Sie vor?«

2. Einsetzen mit klarer Begründung:
»Herr Müller, ich habe jetzt ganz stark den Eindruck, dass Ihnen nicht an einer Verhandlungslösung gelegen ist. Als Teamleiterin bin ich dem Team und unseren Kunden dafür verantwortlich, dass die Aufgaben A, B und C perfekt und zuverlässig ausgeführt werden. Deshalb kann ich Ihr Verhalten nicht länger tolerieren. Ich muss eine Abmahnung aussprechen.«

3. Konsequent handeln mit klarer Begründung: Abmahnung aussprechen.

Worin liegen die Vorteile des fairen Machteinsatzes? – Dem Manipulator wird auf der einen Seite ein Wiedereinstieg in einen sachlichen lösungsbezogenen Dialog ermöglicht, auf der anderen Seite wird ihm unmissverständlich klargemacht, welche Konsequenzen er zu erwarten hat, wenn er auf das Angebot nicht eingeht. Der Manipulator selbst hat die Wahl. Man droht ihm nicht einfach.

Wie Sie ein Gespräch abbrechen

Traurig, aber wahr: Manchmal geht es einfach nicht! Mitunter wird es notwendig sein, ein Gespräch klar und deutlich abzubrechen. In solchen Fällen gilt es, sich selbst zu schützen und so elegant wie möglich aus der Affäre zu ziehen. Weit verbreitete, aber wenig elegante Abbruchmethoden sind:

- schimpfend den Rückzug antreten,
- Vorwürfe machen,
- begründen, warum man selbst keine Schuld am misslungenen Gespräch hat,
- vage oder konkrete Drohungen ausstoßen,
- Ärger in sich hineinfressen und still abziehen,
- den Gesprächspartner einfach sitzen lassen,
- den Gesprächspartner abbrechen lassen – wie auch immer.

Doch es geht auch anders und besser. Versuchen Sie in solchen Situationen möglichst:

- die Initiative zu behalten, indem Sie selbst abbrechen,
- den Abbruch klar zu begründen,
- eventuell: die Folgen zu klären,
- eventuell: einen Weg zur »Goldenen Brücke« zu skizzieren.

BEISPIELE

»Herr Meier, ich tue das ungern, aber für mich ist nach dieser Bemerkung das Gespräch zu Ende. Ich lasse mich nicht beleidigen. Bis morgen um zehn Uhr bin ich für Ihre Vorschläge offen; dann werde ich mich beim Abteilungsleiter und dem Personalrat beschweren. Auf Wiedersehen.«

»Meine Damen, meine Herren: Ich sehe keine Möglichkeit mehr, all die Missverständnisse in diesem Gespräch noch zu entwirren. Sie wissen, dass wir unter Zeitdruck stehen. Deshalb werde ich die Entscheidung selbst treffen, auf meine Kappe nehmen und Sie schnellstmöglich informieren.«

Der Gesprächsabbruch ist der schlimmste aller möglichen Fälle. Aber auch für solche Situationen sollte man gewappnet sein, denn es geht nicht zuletzt auch darum, sich selbst zu schützen.

Argumentationsfallen und Scheinargumente

Wer will sich nicht in Gesprächen, Diskussionen oder Verhandlungen durchsetzen. Die Frage ist nur, wie dies geschieht. Nicht selten wird versucht, dieses Ziel zu erreichen, indem man die Gesprächspartner manipuliert. Bedenken Sie bei Ihrer Reaktion: Die Fallen werden oft unbewusst eingesetzt und auch manche Fehler unterlaufen unabsichtlich. Manchmal benutzt man selbst Scheinargumente, ohne dass man sich dessen wirklich bewusst wäre – mit anderen Worten, man manipuliert. Wer Scheinargumente erkennt, hat den ersten Schritt zur besseren Argumentationen bereits getan. Und wer qualitativ bessere Argumente findet, verbessert auch seine Überzeugungskraft.

Wir stellen Ihnen im folgenden die wichtigsten

- Taktiken,
- Argumentationsfallen und
- Scheinargumente

vor.

Wie Sie sich wehren

Es gibt ein paar ganz allgemeine Methoden, wie man sich vor Argumentationstricks und Scheinargumenten schützen kann. Generell ist es hilfreich, die folgenden Schritte zu unternehmen:

Schritt 1: Taktik erkennen und Fehler identifizieren

Dieser Schritt ist im Umgang mit Taktiken oft schon der entscheidende. Wenn Sie erkennen, dass eine Falle aufgestellt wurde, tappen Sie auch nicht blindlings hinein. Denn oft bemerkt man gar nicht, dass man gerade einer Scheinargumentation aufsitzt. Doch wenn Sie wissen, welche Taktik benutzt wird, haben Sie in der Regel auch den zentralen Schwachpunkt der Taktik identifiziert und können Gegenmaßnahmen einleiten.

Schritt 2: Faire Gegenmaßnahmen durchführen

Dabei haben Sie eine Reihe von Möglichkeiten:

- Sie sprechen ganz direkt an, welche Taktik der Manipulator gerade verwendet, oder welchen Fehler er begeht. Sie nennen die Taktik also beim Namen. Wenn Sie dabei noch die richtige Fachterminologie zur Identifizierung des Fehlers benutzen, liegt die Reaktionsbandbreite des Manipulators meist zwischen verdutztem Innehalten und erschrockenem Abwiegeln. Normalerweise wird er die Taktik dann nicht noch einmal einsetzen.
- Sie stellen kritische Fragen zur Argumentation des Manipulators. Die kritischen Fragen zielen dabei auf die zentralen Schwachpunkte der Argumentationsfalle. Kritische Fragen in

freundlichem Ton stellen eine besonders elegante Gegenmaßnahme dar.

- Sie fordern vom Manipulator eine echte Begründung ein. Die Taktiken werden ja meistens dazu verwendet, sich den Anschein zu geben, man hätte ausreichend argumentiert und begründet. Dadurch soll der Gesprächspartner dazu gebracht werden, einen anderen Standpunkt zu übernehmen. Wenn Sie um echte Gründe bitten, machen Sie dem Manipulator klar, dass Sie sein Manöver durchschaut haben. Er trägt nun die Beweislast.

Selbstverständlich können Sie bei der Abwehr von Argumentationstaktiken auch jene Methoden verwenden, die wir Ihnen bisher vorgestellt haben (siehe Kapitel »Elegante Abwehrtechniken«).

Wir werden im folgenden Teil die einzelnen Taktiken isoliert betrachten. Natürlich vereinfachen und typisieren wir dadurch wirkliche Situationen. Ein geschickter Manipulator kombiniert meist mehrere Taktiken und Manöver, um so den Druck auf den Gesprächspartner zu erhöhen. Doch diese Typisierungen werden Ihnen helfen, Manipulationsversuche leichter zu erkennen. Und je schneller Sie reagieren können, desto besser.

Schwarz-Weiß-Malerei

Schwarz-Weiß-Malerei kann ein hervorragendes Manipulationsmanöver sein, da der Eindruck vermittelt wird, es würde ganz logisch argumentiert. Der Manipulator nutzt sogenannte Entweder-oder-Argumente:

Entweder wir gehen ins Theater oder wir gehen ins Kino.

Wir gehen nicht ins Theater, also gehen wir ins Kino.

Die Argumentform ist immer dieselbe: Entweder tritt Fall A ein oder Fall B; wenn Fall B nicht eintritt, muss konsequenterweise Fall A eintreten. Diese Argumentation ist in sich logisch gültig. Doch bei Alltagsargumentationen dieser Art lauert ein fataler Fehler. Das Argument setzt nämlich voraus, dass nur die angegebenen Alternativen existieren, und nur unter dieser Voraussetzung ist das Argument auch tatsächlich gültig.

Der Manipulator setzt die Schwarz-Weiß-Malerei in Form eines Entweder-oder-Arguments ein, um »logischen Druck« auf den Gesprächspartner auszuüben, der diesen zwingen soll, sich der Argumentation des Manipulators anzuschließen.

Wenn Sie mit einer solchen Argumentation konfrontiert sind, sollten Sie sich also als erstes die Frage stellen, ob die Behauptung auch wirklich alle Alternativen umfasst. Wer sich durch Entweder-oder-Aussagen auf nur zwei mögliche Alternativen beschränkt, fördert das Schwarz-Weiß-Denken und blockiert eigenständiges Weiterdenken. Mit ein bisschen Anstrengung und Phantasie kann man diese Blockade durchbrechen. In den wenigsten Fällen stehen uns nur zwei einander ausschließende Optionen zur Verfügung.

BEISPIEL

Hubert: »Es gibt im Moment nur zwei Möglichkeiten: Entweder wir verfolgen Plan A oder Plan B. Plan B ist nicht durchführbar. Also bleibt uns nur Plan A. Das ist ja wohl logisch.«

Hubert benutzt ein Entweder-oder-Argument, um für Plan A zu argumentieren. Der Schwachpunkt liegt natürlich in der Entweder-oder-Behauptung. Gibt es wirklich nur die Alternativen zwischen Plan A und Plan B? Sind nicht noch weitere Möglichkeiten vorstellbar? Genau an dieser Stelle wackelt auch Huberts Argumentation.

Abwehr

Am besten ziehen Sie die Entweder-oder-Behauptung in Zweifel.

BEISPIEL

Herbert folgt Huberts Argumentation nicht: »Hubert, Du hast von Plan A und Plan B gesprochen. Ich würde Dir zustimmen, wenn dadurch tatsächlich alle unsere Alternativen erschöpft werden. Aber ist das denn wirklich der Fall? Warum haben wir nur diese zwei Handlungsoptionen?«

Herbert stellt eine kritische Frage, die auf den Schwachpunkt von Huberts Argumentation aufmerksam macht; gleichzeitig fordert er Hubert auf, eine Begründung dafür zu liefern, warum nur zwei Alternativen existieren.

Der Fehlschluss der falschen Alternative

Eine bestimmte Alternative aus einer Reihe von gegebenen Alternativen wird als richtig oder akzeptabel eingestuft, weil die anderen Alternativen inakzeptabel seien. Bei diesem Manöver wird verschleiert, dass alle Optionen gleichermaßen unannehmbar und schlecht sein können. Das Argument verläuft also ungefähr so:

Wir haben Alternativen A, B und C. A und B sind inakzeptabel, also bleibt nur Alternative C.

In dieser Form ist das Argument natürlich unkorrekt. Anders sähe es aus, wenn wir mit Sicherheit wüssten, dass in der betrachteten Situation nur drei Möglichkeiten A, B, oder C in Frage kämen und wir gezwungen sind, eine auszuwählen. Dann könnten wir tatsächlich schließen, dass Alternative C richtig/akzeptabel sein muss, wenn sich A und B als falsch/inakzeptabel herausstellen.

Der Manipulator geht bei dieser Taktik in der Regel so vor: Zunächst verdammt er mögliche Alternativen als unannehmbar, um dann den eigenen Vorschlag als einzig mögliche Lösung zu präsentieren. Durch die Gegenüberstellung dieses Vorschlags mit den anderen Optionen entsteht der Eindruck, als seien alle Möglichkeiten bereits ausgeschöpft.

BEISPIEL

Werner und Marlene führen ein Konfliktgespräch. Jeder hat im Gespräch bereits einen eigenen Lösungsvorschlag präsentiert.

Werner: »Also, Marlene, wo stehen wir im Moment? Wir haben zwei Lösungsvorschläge auf dem Tisch. Einen haben Sie vorgeschlagen, der andere stammt von mir. Sie haben nun selbst gerade gesagt, dass Ihr Vorschlag wohl nicht realisierbar sein wird. Nach dem Gesetz der Logik bleibt somit nur mein Lösungsvorschlag übrig. Da stimmen Sie mir sicher zu?«

Es ist mutig von Werner, sich hier die Logik zum Verbündeten zu machen. Denn seine Argumentation wäre natürlich nur richtig, wenn die beiden Lösungsvorschläge tatsächlich alle Möglichkeiten ausgeschöpft hätten.

Wenn der Manipulator sehr geschickt vorgeht, wird er die Handlungsalternativen so beschreiben, dass tatsächlich der Eindruck entsteht, als wären alle Möglichkeiten in Betracht gezogen. Unterstützen werden ihn dabei Formulierungen wie:

- Prinzipiell gibt es nur drei Möglichkeiten ...
- Alles in allem stehen uns ja nur folgende Alternativen zur Verfügung ...
- Wenn man es genau betrachtet, haben wir ja nur zwei Möglichkeiten ...

Abwehr

Weisen Sie deutlich darauf hin, dass durch das Argument nicht gezeigt wird, dass die gewählte Alternative tatsächlich gut und akzeptabel ist. Sie machen den Vorschlag, nach weiteren Optionen zu suchen.

BEISPIEL

Werner hat Marlenes logischen Sachverstand unterschätzt. Sie kontert: »Ihr Argument wäre nur richtig, wenn unsere zwei Lösungsvorschläge wirklich die einzigen Alternativen wären, die wir hätten. Es folgt noch lange nicht zwingend, dass Ihr Vorschlag realisierbar und gut ist, nur weil mein Vorschlag zurückgezogen werden muss. Vielleicht sollten wir an eine weitere Alternative denken, bei der jedem von uns gedient ist ...«

Das falsche Dilemma

Eine ebenfalls mit der Schwarz-Weiß-Malerei verwandte Taktik ist die Konstruktion eines sogenannten falschen Dilemmas. Ein Dilemma hat folgende Form:

1. Entweder tritt Fall A ein oder Fall B.
2. Wenn Fall A eintritt, dann tritt Fall C ein.
3. Wenn Fall B eintritt, dann tritt Fall D ein.
4. Also tritt entweder Fall C oder Fall D ein.

Diese Argumentform ist logisch gültig. Bei einem Dilemma werden die Konsequenzen der Alternativen durchgespielt. Dabei wird unterstellt, dass man nur zwischen zwei sich erschöpfenden Alternativen wählen kann. Das Argument baut also auf einer Entweder-oder-Behauptung auf. Wenn diese Alternativen die Situation jedoch nicht ausschöpfen, handelt es sich um ein falsches Dilemma.

BEISPIEL

Lothar hat Geld geerbt, das er nun gut anlegen möchte. Er denkt an ein Sparbuch oder an den Kauf von Aktien. Er argumentiert wie folgt: »Ich habe folgende Möglichkeiten: Entweder ich lege das Geld auf ein Sparbuch, oder ich investiere es in Aktien. Wenn ich es auf das Sparbuch lege, erhalte ich nur eine sehr geringe Rendite. Wenn ich es in Aktien investiere, trage ich das Risiko, dass ich sogar Geld verliere. Also gewinne ich nur sehr wenig oder verliere sogar etwas.«

Ganz klar, dass Lothar hier einem falschen Dilemma aufsitzt. Denn die Alternativen, die ihm einfallen, sind erstens nicht erschöpfend und schließen sich zweitens auch nicht aus.

Ein Manipulator kann ein Dilemma geschickt einsetzen, um jemandem von einer bestimmten Handlung abzuraten. Dabei wird er – auf der Basis einer Entweder-oder-Behauptung – Konsequenzen ableiten, die nicht wünschenswert sind. Das Manöver funktioniert natürlich auch in umgekehrter Weise, wenn der Manipulator versucht, den Gesprächspartner zu einer Handlung zu bringen.

BEISPIEL

Karl hat Probleme mit seinem Gruppenleiter. Er geht zum Abteilungsleiter Rainer, um sich zu beraten, was er tun könnte. Rainer ist das Gespräch unangenehm, er möchte Karl so schnell wie möglich wieder loswerden. Rainer zu Karl: »Klar, Sie haben recht. Sie haben zwei Möglichkeiten: sich zu beschweren oder ganz das Team zu verlassen. Aber bedenken Sie, wenn Sie sich beschweren, handeln Sie sich möglicherweise Ärger ein, der Sie stets in diesem Unternehmen begleiten wird. Wenn Sie daran denken, das Team zu verlassen, entgeht Ihnen die Chance auf eine Beförderung, die demnächst ansteht. Wie Sie es auch drehen und wenden, Sie werden in jedem Fall den Kürzeren ziehen.«

In diesem Beispiel wird ein weiterer Schwachpunkt dieser Taktik deutlich. Wer sagt denn, dass die genannten Konsequenzen tatsächlich eintreten? Die möglichen Folgen der verschiedenen Alternativen können auf sehr wackeligen Beinen stehen. Prüfen Sie also gut, wie es um die genannten Konsequenzen wirklich steht. Oft malt der Manipulator nämlich furchterregende Konsequenzen aus, um dadurch den Gesprächspartner einzuschüchtern.

Abwehr

Gegen ein falsches Dilemma können Sie in ähnlicher Weise vorgehen, wie gegen die Schwarz-Weiß-Malerei in einem Entweder-oder-Argument. Sie fordern auf, weitere Alternativen zu suchen. Sie können außerdem in Frage stellen, ob die genannten Konsequenzen tatsächlich zu erwarten sind.

BEISPIEL

Karl folgt Rainers Argumentation nicht: »Ich bin mir da ehrlich gesagt nicht so sicher, dass ich wirklich nur diese Möglichkeiten habe. Eigentlich bin ich zu Ihnen gekommen, um weitere Alternativen zu überlegen. Wenn ich tatsächlich nur die Möglichkeiten hätte, mich entweder zu beschweren oder das Team zu verlassen, sehe ich nicht, warum sich die Konsequenzen daraus ergeben sollten, die Sie genannt haben. Was meinen Sie damit, dass ich mir Ärger einhandeln werde, der mich im Unternehmen immer begleiten wird?«

Die Analogiefalle

Ein sehr wirkungsvolles Scheinargument für Manipulationen ist die Analogiefalle. Sie basiert auf einem Analogieargument. Bei einem Analogieargument wird gezeigt, dass eine Situation A zu einer Situation B ähnlich ist. In Situation A war es richtig/falsch Handlung X zu tun (oder: In Situation A war/ist Aussage X wahr/falsch), daher ist es auch in Situation B richtig/falsch X zu tun (oder: Ist auch in Situation B Aussage X wahr/falsch).

BEISPIEL

Carla: »Meine Damen und Herren, eine Sache dürfte wohl klar sein: Es wird nichts bringen, wenn man versucht, die Finanzmärkte zu kontrollieren. Das Kapital lässt sich nicht vorschreiben, wohin es fließen soll. Die Regeln der Investition sind wie Naturgesetze. Auch die können wir nicht ändern. Wasser fließt nach unten, das Kapital fließt dorthin, wo es die beste Rendite gibt.«

Carla will mit ihrer Argumentation darauf hinaus, dass sich das Kapital nicht kontrollieren lässt. Dazu bringt sie einen Vergleich (eine Analogie) zwischen den Regeln der Investition und den Naturgesetzen, die sich nicht verändern lassen.

In einer Analogie werden zwei Dinge oder Situationen verschiedener Art miteinander verglichen. Bei diesem Vergleich stellt man gewisse Ähnlichkeiten zwischen den Dingen oder Situationen her. Analogieargumente sind schwache, aber durchaus brauchbare Argumente. Ihre Überzeugungskraft beruht auf der Stärke der festgestellten Analogie, also auf der Frage: Sind die Situationen, die miteinander verglichen werden in einer für das Argument relevanten Hinsicht einander tatsächlich ähnlich? In unserem Beispiel müsste man also die Frage stellen: Können Investitionsregeln sinnvoll mit Naturgesetzen verglichen werden? Hier scheinen Zweifel angebracht.

Ein raffinierter Manipulator stellt Vergleiche zu Dingen oder Situationen her, denen man nur zustimmen kann oder die man einfach ablehnen muss – je nach Argumentationsrichtung des Manipulators. Da man der analogen Situation zustimmt (bzw. sie ablehnt), wird man gedrängt, die Zustimmung bzw. Ablehnung auch auf die eigentliche Situation zu übertragen, die Thema der Diskussion ist. In vielen Fällen ist man schneller überrumpelt als man denkt.

BEISPIEL

In der Nähe einer kleinen Ortschaft wurde eine neue Müllverbrennungsanlage errichtet. Diese Anlage arbeitet nach einem neuartigen Verfahren, bei dem deutlich weniger Schadstoffe anfallen. Dennoch hat sich in dem Ort eine Bürgerinitiative gebildet, die auf die Abschaltung der Anlage drängt.

In einem Gasthaus treffen sich die Geschäftsleitung des Unternehmens und Vertreter der Bürgerinitiative. Der Geschäftsführer erläutert die Vorteile, insbesondere die Umweltverträglichkeit der neuen Anlage. Da meldet sich ein Vertreter der Bürgerinitiative zu Wort: »Wissen Sie, was mir an Ihrem Gedankengang überhaupt nicht gefällt, wo mir richtig unwohl wird: Damit Sie mit Ihrer Anlage produktiv arbeiten können, müssen wir doch Müll produzieren. Es kann doch gar nicht in Ihrem Interesse sein, dass Müll vermieden wird.« Darauf erwidert der Geschäftsführer: »Aber das ist doch absurd, was Sie hier sagen. Das würde ja auf das gleiche hinauslaufen, als würden Sie fordern, wir sollten keine Kleider mehr tragen. Der Mensch hat immer Müll produziert und wird immer Müll produzieren.«

In unserem Beispiel benutzt der Geschäftsführer einen Analogietrick, um die Absurdität der gegnerischen Position zu zeigen. Seine Argumentation beruht auf einer vermeintlichen Analogie zwischen – ja zwischen was eigentlich? Hier ist es gar nicht so leicht festzustellen, in welcher Form eigentlich ein Vergleich angestellt wird. Die eine Seite des Vergleichs ist das *Nicht-mehr-Tragen-von-Kleidungsstücken*. Aber was genau ist die andere Seite? Wenn man die Äußerung des Gegners anschaut, dann müsste es seine These sein: *Müll so weit wie möglich* reduzieren. Aber besteht hier tatsächlich eine Analogie zwischen diesen beiden Situationen, so dass dadurch die Argumentation des Anlagengegners tatsächlich ad absurdum geführt wird?

Doch warum ist man mit Analogien so leicht irrezuführen? Ein Grund dafür ist, dass man das Analogieargument oft gar nicht als solches erkennt und somit gar nicht auf die Idee kommt, Stärke oder Schwachpunkte der Argumentation zu prüfen. Besonders undurchsichtig wird es, wenn der Manipulator eine versteckte Analogietaktik benutzt.

BEISPIEL

Regina wirft Helmut vor, dass es nicht richtig war, Konrad, einem langjährigen Mitarbeiter, zu kündigen. Helmut verteidigt sich: »Es gibt eben Situationen, wo man nicht anders kann und so handeln muss. Da gibst du mir sicher recht?«

Wo steckt hier die Analogietaktik? Helmut sagt, dass Situationen existieren, wo man eben so handeln muss, wie er es tut, in unserem Fall hieß das, einen Mitarbeiter zu entlassen. Dieser Aussage würden bestimmt die meisten Menschen zustimmen. Helmut benutzt diese Aussage zur Rechtfertigung seiner Handlung. Um sich jedoch wirklich rechtfertigen zu können, müsste er zeigen, dass seine Situation tatsächlich mit Situationen vergleichbar ist, die zu bestimmten Handlungen zwingen. Das aber bleibt Helmut schuldig. Erstens müsste er dann die Situationen, in denen es gerechtfertigt ist, einen Mitarbeiter zu entlassen, genauer beschreiben und zweitens müsste er zeigen, dass er in einer solchen Situation stand. Er rettet sich also durch eine vage allgemeine Regel und eine versteckte Analogie.

Abwehr

Am besten wehren Sie sich gegen eine Analogiefalle, indem Sie die behauptete Analogie bestreiten oder Sie zumindest in Frage stellen. Folgende Fragen können dabei helfen:

Sind die genannten Dinge oder Situationen wirklich in einer relevanten Hinsicht einander ähnlich? Oder gibt es wichtige Unterschiede?

BEISPIEL

Der Müllverbrennungsgegner hätte zum Beispiel so reagieren können: »Ihr Vergleich hinkt natürlich. Keine Kleider mehr zu tragen ist nicht vergleichbar mit meiner Position, Müll nach Möglichkeit zu reduzieren. Insbesondere hat der Vergleich auch nichts mit meiner Überlegung zu tun. Ich möchte Sie noch einmal dazu fragen: Müssen Sie als gewinnorientiertes Unternehmen nicht darauf achten, eine genügende Kapazitätsauslastung zu haben? Und heißt das nicht einfach, dass Sie immer genügend Müll benötigen und somit auch Müll in ausreichender Menge produziert werden muss?«

Am Rande bemerkt: Natürlich ist auch die Überlegung des Anlagengegners nicht ganz wasserdicht. Er unterstellt nämlich, dass eine genügende Kapazitätsauslastung nur erreicht werden kann, wenn kein Müll reduziert wird. Doch ist dieser Zusammenhang ja nicht zwingend. Eine Möglichkeit könnte sein, dass andere, umweltbelastendere Müllverbrennungsanlagen abgeschaltet werden.

Schwarzfärberei

Eine gängige Argumentationsweise ist, auf die negativen Konsequenzen einer Position hinzuweisen. Da diese Konsequenzen nicht wünschenswert sind, so wird argumentiert, wäre es notwendig, die ursprüngliche Position abzulehnen. Dieser Argumentationsgang hat folgende schematische Gestalt: Wenn wir die Position P akzeptieren, müssen wir mit Folgen F rechnen. Die Folgen F sind inakzeptabel, also dürfen wir Position P nicht akzeptieren.

Der Manipulator kann sich diese Argumentationsweise zunutze machen, indem er die Position seines Gegners aufnimmt und ein Bild drastischer und düsterer Konsequenzen zeichnet, die sich aus dieser Position ergeben. Der Gesprächspartner soll dadurch so eingeschüchtert werden, dass er sich von seiner Position zurückzieht.

BEISPIEL

Das Nasa-Weltraumzentrum hat dem amerikanischen Präsidenten gemeldet, dass möglicherweise mit einem schweren Meteoriteneinschlag auf der Erde zu rechnen ist. Das Einschlagsgebiet soll Nordamerika sein. Zeitpunkt: in zwei Tagen.

Die Berater besprechen sich mit dem Präsidenten. Sie geben folgende Empfehlung: »Wir sollten auf keinen Fall mit dieser Nachricht an die Öffentlichkeit gehen. Die Folge wäre nur eine entsetzliche Panik in der Bevölkerung. Hinzu kommt, dass wir gar nicht wissen, wo genau die Meteoriten runtergehen werden – wenn überhaupt.«

Ein Unternehmen hat eine Mitarbeiterbefragung durchgeführt. Das Ergebnis ist für die Führungskräfte niederschmetternd. Fast jede Führungskraft wird in Ihrem Führungsverhalten negativ bewertet. Der Geschäftsführer möchte das Ergebnis der Befragung zurückhalten, obwohl den Mitarbeitern zugesagt wurde, sie über die Resultate zu informieren. Der Marketingleiter ist jedoch der Meinung, dass man Mut beweisen und die Ergebnisse publik machen sollte. Der Geschäftsführer ergreift das Wort: »Haben Sie eigentlich schon einmal überlegt, welche Konsequenzen wir damit möglicherweise heraufbeschwören? Wenn wir diese Daten veröffentlichen, wird sich eine dermaßen negative Stimmung verbreiten, dass sich niemand mehr in diesem Unternehmen wohl fühlen wird. Und unsere Führungskräfte werden so verunsichert, dass sie nicht mehr in der Lage sein werden, vernünftige Entscheidungen zu treffen. Das wollen Sie doch nicht ernsthaft riskieren?«

Abwehr

Drei Abwehrmöglichkeiten gegen diese Taktik haben sich bewährt:

- Sie nennen die Taktik beim Namen und machen so darauf aufmerksam, dass manipuliert wird. Der Manipulator wird dadurch möglicherweise gezwungen, seine Folgenabschätzung zu entschärfen, weil er selbst bemerkt, dass er »zu dick aufgetragen« hat.
- Sie zeigen, dass die genannten Konsequenzen gar nicht oder nicht notwendig aus der Position folgen; meistens sind nämlich die aufgezeigten Konsequenzen viel zu radikal, um realistisch zu sein. Außerdem versucht der Manipulator in der Regel, die Konsequenzen als zwangsläufige Folgen darzustellen, um seinem Argument die nötige Stärke zu verleihen. Wir wissen aber nur zu gut, dass es kaum eindeutig identifizierbare, zwingende Folgen gibt – vor allem nicht im Bereich menschlichen Verhaltens.

- Sie kontern die Taktik, indem Sie die positiven Konsequenzen aufzeigen, die sich aus Ihrer Position ergeben. Diese positiven Konsequenzen überwiegen mögliche negative Folgen.

Im folgenden Beispiel wird die zuletzt genannte Abwehrmöglichkeit benutzt:

BEISPIEL

Der Marketingleiter reagiert auf die Taktik des Geschäftsführers folgendermaßen: »Ich sehe die Situation etwas anders. In meinen Augen kann die Veröffentlichung eine sehr positive Wirkung haben – wie ein reinigendes Gewitter. Durch die Veröffentlichung bleiben wir erstens unserem Wort treu und zweitens geben wir unserem Unternehmen die Chance, sich zu verbessern. Ich bestreite nicht, dass es zu einiger Unruhe kommen wird. Aber die Erneuerungschancen, die sich daraus ergeben, überwiegen meines Erachtens. Jeder im Unternehmen kann dann nämlich identifizieren, wo genau es bei uns hapert – die Grundvoraussetzung für Veränderungen. Ich bin daher dafür, dass wir das Ergebnis auf jeden Fall veröffentlichen. Besonders auch, weil wir sonst einen erheblichen Glaubwürdigkeitsverlust erleiden, wenn wir nicht halten, was wir versprochen haben.«

Ist Ihnen aufgefallen, dass der Marketingleiter erstens eine Analogie benutzt, um seinen Standpunkt zu unterstreichen (reinigendes Gewitter), und zweitens zum Abschluss seiner Äußerung ebenfalls das Argument negativer Konsequenzen einsetzt (negative Konsequenzen, die sich aus der Nicht-Veröffentlichung des Befragungsergebnisses ergeben)?

Die Rutschbahntaktik

Auch hier wird auf negative Konsequenzen hingewiesen. Der Gedankengang, der hinter dieser Taktik steht, ist folgender: Hat man erst einmal einen Schritt auf eine Rutschbahn gesetzt, gibt es kein Halten mehr, und die Situation lässt sich nicht mehr steuern.

Die Rutschbahntaktik wird auch »Lawinenargument« genannt. Lawinen können schon durch eine kleine Unachtsamkeit ausgelöst werden. Sie beginnen ganz sanft, reißen aber schließlich alles mit in die Tiefe. Die Angst vor solchen Kräften macht sich der Manipulator zunutze. Dabei startet er mit einem Vorschlag oder einem Standpunkt, der auf den ersten Blick vielleicht noch ganz vernünftig aussieht. Dann argumentiert er jedoch, dass durch diesen so harmlos scheinenden Vorschlag eine ganze Kette verhängnisvoller Konsequenzen ausgelöst wird, die schließlich in einen inakzeptablen Zustand münden. Daraus folgert er, der ursprüngliche Vorschlag müsse unbedingt abgelehnt werden.

BEISPIEL

Bei der Omega Electric wird überlegt, welche Preisstrategie zukünftig gewählt werden sollte. Ein Vorschlag ist, die Preise zu senken, um auf diese Weise mehr Käufer zu gewinnen und dadurch den Umsatz zu steigern. Katharina, Mitglied der Geschäftsleitung, ist gegen diesen Vorschlag: »Wenn wir jetzt die Preise senken, wird unser größter Konkurrent Alphamind mit Sicherheit nachziehen. Das wird dann nur der Auftakt dafür sein, dass auch andere Unternehmen unserer Branche Preissenkungen durchführen. Das Ergebnis ist ein ruinöser Preiskampf.«

Die Rutschbahntaktik wird in der Regel dazu eingesetzt, um vor bestimmten Handlungen zu warnen oder gar den Opponenten einzuschüchtern.

Wer sich mit der Rutschbahntaktik konfrontiert sieht, sollte zunächst prüfen, ob der Manipulator tatsächlich den vom Gesprächspartner geäußerten Vorschlag benutzt hat, um daraus die unliebsamen Konsequenzen abzuleiten. Häufig werden nämlich die ursprünglichen Positionen etwas verzerrt (siehe Abschnitt »Die Strohmanntaktik«), um die negativen Folgen daraus herzuleiten.

Die zweite Sollbruchstelle einer Rutschbahntaktik liegt in der konstruierten Kausalkette. Ein Lawinenargument ist nur so stark, wie die behaupteten kausalen Verknüpfungen. Und gerade hier stellt der Manipulator oft kausale Beziehungen her, die sehr fragwürdig oder sogar unhaltbar sind.

BEISPIEL

Zwei Abteilungsleiter der Promex Constructa AG, Max und Franz, diskutieren, inwieweit Mitarbeiter in Entscheidungsprozesse einbezogen werden sollen. Max steht auf dem Standpunkt, dass man als Führungskraft in erster Linie allein die Verantwortung trägt und somit auch allein die Entscheidungen zu treffen hat. Er argumentiert weiter: »Stell Dir vor, ich würde tatsächlich anfangen, die Mitarbeiter das eine oder andere Mal bei Entscheidungen mitreden zu lassen. Ich würde dadurch nur die Erwartungen wecken, auch bei anderen Entscheidungen mitreden zu lassen. Das würde dazu führen, dass alle bei allen Entscheidungen dabei sein wollen. Kannst Du Dir das Chaos vorstellen? Wenn alle überall mitreden möchten, werden Entscheidungen immer zäher und zeitaufwendiger und am Ende wird vielleicht gar nichts mehr entschieden. Und dann leidet unsere Leistungsfähigkeit dramatisch.«

Max verwendet die Rutschbahntaktik. Aus einem scheinbar harmlosen Schritt, der Einbeziehung der Mitarbeiter in einige wenige Entscheidungen, werden Chaos und Misserfolg.

Abwehr

Der Schlüssel einer angemessenen Reaktion auf die Rutschbahntaktik liegt in der behaupteten Kausalkette. In den meisten Fällen sind die einzelnen Glieder nur sehr schwach verzahnt. Hier sollte man mit kritischen Fragen oder dem Aufbau einer Gegenposition ansetzen. Will man gegen eine Rutschbahntaktik kontern, empfiehlt es sich, das schwächste Glied in der Kette herauszugreifen.

So ist bei der Argumentation von Max aus unserem letzten Beispiel der Übergang von *Bei einigen Entscheidungen mitreden lassen* zu *Bei allen Entscheidungen mitreden wollen* sehr gewagt und angreifbar. An diesem Punkt setzt Franz in seiner Replik auf Max auch an:

BEISPIEL

Franz: »Ich glaube, du malst ein viel zu düsteres Bild. Ein Schritt ergibt sich aus dem anderen fast wie ein Naturgesetz. Aber das muss doch gar nicht so sein. Dass Mitarbeiter bei Entscheidungen mitreden wollen, führt nicht zwangsläufig dazu, dass sie bei allen Entscheidungen mitreden wollen. Außerdem ist noch gar nicht geklärt, was Mitreden-wollen überhaupt heißt. Es ist doch durchaus möglich, dass die Mitarbeiter nur um ihre Meinung gefragt werden möchten, ohne selbst entscheiden zu wollen.«

Franz konzentriert sich in seiner Erwiderung auf die schwache Kausalkette, die Max aufgebaut hat. Außerdem verfolgt er noch eine andere Strategie: Er macht darauf aufmerksam, dass die Kausalbeziehungen, die Max beschreibt, nur sehr ungenau sind. Auch das ist ein möglicher Angriffspunkt bei der Rutschbahntaktik. Die benutzten Ausdrücke selbst sind viel zu vage, um eine klare Kausalbeziehung herzustellen. Dadurch entsteht ein breiter Interpretationsspielraum.

Die Präzisionsfalle

Ein beliebtes Manöver, um sich mit einer Argumentation durchzusetzen, ist, die Argumente mit statistischen Aussagen zu unterlegen. Auch hier lauert eine Falle – die Präzisionsfalle.

Bei der Präzisionsfalle werden vom Manipulator Zahlenangaben, zum Beispiel Prozentangaben, eingesetzt, deren Herkunft äußerst zweifelhaft ist. Die Zahlen suggerieren aber Exaktheit und wissenschaftliche Fundiertheit, die aufgrund der Fragwürdigkeit der Datenerhebung gar nicht eingelöst wird. Wenn statistische Aussagen benutzt werden, die gar nicht oder nur äußerst schwer verifiziert werden können, begeht der Manipulator den Fehler der falschen Präzision. Dieses Manöver kann den Gesprächspartner leicht verleiten anzunehmen, dass die vom Manipulator aufgestellte Aussage exakt die Wirklichkeit abbildet. Tatsächlich ist die Exaktheit eine Täuschung, von der man sich nur allzu leicht irreführen lässt. Man verbindet mit der Angabe genauer Zahlen Wissenschaftlichkeit, und vertraut auf ihre Autorität.

BEISPIEL

Inge, eine Unternehmensberaterin, in einem Gespräch mit dem Geschäftsführer von INTRIC: »Ich bin sicher, 80 % aller Schwierigkeiten in einem Unternehmen könnten gelöst werden, wenn die Führung sich mehr auf ihre eigentliche Aufgabe konzentrieren würde ...«

Wie kommt Inge zu der Zahl von 80 %? Die Zahlenangabe gaukelt eine Präzision vor, die auf keiner begründeten Basis steht, nur auf einer subjektiven, intuitiven Einschätzung. Potenziert wird der Fehler der falschen Präzision, wenn in der statistischen Aussage zusätzlich Begriffe vorkommen, die so ungenau sind, dass die statistische Aussage dadurch praktisch wertlos wird. Ein solch vager und ungenauer Ausdruck ist auch der Begriff »Schwierigkeit« in Inges Äußerung. Was meint sie eigentlich damit? Von welcher Art Schwierigkeiten ist die Rede?

BEISPIEL

Konrad setzt Herrn Müller die Pistole auf die Brust: »Herr Müller, Sie sprechen davon, den Rechtsweg einzuschlagen. Sie wissen wahrscheinlich gar nicht, dass in einem Fall wie Ihrem nur eine zehnprozentige Chance auf Erfolg besteht. Wenn Sie die Mühen bedenken, den Ärger und auch das Geld, das es Sie kosten wird, um diese Sache durchzustehen, frage ich mich, ob es nicht doch besser wäre, nach einer einvernehmlichen Lösung zu suchen.«

Konrad benutzt eine statistische Aussage, um seinen Gesprächspartner unter Druck zu setzen. Es ist völlig unklar, wie Konrad zu dieser Zahl kommt und worauf er sich damit bezieht.

Abwehr

Um der Präzisionsfalle zu entgehen, sollten Sie Zahlenangaben kritisch hinterfragen und eine Begründung einfordern.

BEISPIEL

Herr Müller reagiert so auf Konrads Präzisionsfalle: »Sie sprachen gerade von einer zehnprozentigen Chance. Wie kommen Sie denn zu dieser Zahl?«

Die Autoritätstaktik

Bei der Autoritätstaktik bezieht sich der Manipulator in seiner Argumentation auf Autoritäten wie Experten, Fachleute, bekannte Persönlichkeiten oder Institutionen, um so seiner Position ein stärkeres Gewicht zu verleihen und seinen Standpunkt zu stützen. Je höher das Ansehen der zitierten Autorität ist, desto stärker ist der Unterstützungsfaktor für die Position des Manipulators.

Für sich betrachtet ist der Bezug auf Autoritäten nicht falsch, manchmal ist er durchaus vernünftig und akzeptabel: Jeder von uns ist bis zu einem gewissen Grad auf Ratschläge angewiesen, die wir von Fachleuten bekommen. Mein Anwalt rät mir zu einer einvernehmlichen Lösung zu kommen. Mein Arzt rät mir zu einer speziellen Untersuchung. Expertenmeinungen dienen dazu, Standpunkte und Behauptungen zu begründen. Das ist durchaus sinnvoll und legitim. Wir können schließlich nicht auf jedem Gebiet Experte sein. Der Manipulator nutzt diese allgemeine Anerkennung von Expertenmeinungen jedoch aus, um eine Autoritätsfalle zu konstruieren. Dabei kann er auf verschiedene Weise vorgehen:

Möglichkeit 1

Der Manipulator beruft sich auf einen vermeintlichen Experten, der in Wirklichkeit gar kein Experte auf dem Feld ist, um das es im Gespräch oder in der Diskussion geht.

Dieser Fehler ist ein typisches Phänomen der Medienwelt. Da werden Popstars, Schauspieler, Sportler – die sicherlich in ihren jeweiligen Tätigkeitsfeldern als Experten bezeichnet werden dürfen – zu Themen befragt, für die sie eigentlich keine Experten sind. Die Autorität dieser prominenten Persönlichkeiten gründet nicht auf speziellem Wissen, sondern auf ihrer Popularität. Diese Popularität verschafft ihnen allerdings großes Gehör in der Öffentlichkeit. Nicht umsonst werden prominente Personen als Meinungsführer betrachtet.

BEISPIEL

Für die Mendox AG geht es um die Frage, ob ein Werk in China errichtet werden soll. Max unterhält sich mit Klaus, dem Produktionschef. Max: »Ich finde, wir sollten nach China gehen. Für uns ist das eine große Chance. Auch unser Finanzchef unterstützt diesen Plan.«

Max bezieht sich auf den Finanzchef als jemanden, der den Plan, nach China zu gehen, unterstützt. Es ist alles andere als klar, inwiefern dadurch die Position von Max, dass es sinnvoll sei, in China zu investieren, gestärkt wird. Sicher kann es wichtig sein, den Finanzchef auf seiner Seite zu wissen, immerhin ist er für die Fragen der Finanzierung zuständig. Fragwürdig bleibt trotzdem, ob dadurch auch die Sinnhaftigkeit des Projekts gezeigt wird. Das Argument wäre stärker, wenn der Finanzleiter ein ausgewiesener China-Experte wäre; aber das wissen wir nicht. Im Moment sieht es eher nach einem Manipulationsmanöver von Max aus. Denn, wenn Klaus gegen den Standpunkt von Max opponieren möchte, so hat er – scheinbar – automatisch auch den Finanzchef gegen sich, obwohl der im Gespräch gar nicht anwesend ist.

Möglichkeit 2

Bei der zweiten Vorgehensweise der Autoritätstaktik ist der Bezug auf den Experten so vage, dass er entweder ganz unbekannt bleibt oder dass das Feld der Expertise unklar ist.

BEISPIEL

Dr. Hanauer äußert sich auf einer Podiumsdiskussion zur Frage: »War der Euro eine Fehlentscheidung?«

Dr. Hanauer: »Die Einführung des Euro war und ist eine der wichtigsten und fruchtbarsten Entscheidungen, die je getroffen wurden. Mit dieser Meinung stehe ich nicht alleine da, eine ganze Reihe namhafter Wissenschaftler bestätigt diese Ansicht.«

Dr. Hanauer bezieht sich hier auf namhafte Wissenschaftler. Es bleibt nicht nur ungenannt, um welche Wissenschaftler es sich handelt, es wird auch nicht geklärt, auf welchem Gebiet diese Wissenschaftler tätig sind.

Ein Bezug auf Experten oder Autoritäten kann ein hohes Maß an Überzeugungskraft entfalten. Denn wer gegenteiliger Meinung ist, muss im Grunde nicht nur dem Manipulator entgegentreten, sondern auch der Phalanx vermeintlicher Experten, die angeblich auf der anderen Seite stehen.

Abwehr

Testen Sie Autoritätsargumente durch folgende Fragen:

- Ist der zitierte Experte wirklich ein Experte auf dem Gebiet, um das es geht?
- Um welche Experten handelt es sich?

Fordern Sie eine zusätzliche Begründung ein, geben Sie sich nicht mit einem Bezug auf Experten als einzige Begründungsbasis zufrieden.

BEISPIEL

Klaus ist nicht in die Autoritätsfalle getappt. Er erwidert auf die Äußerung von Max: »Ich finde es gut, dass auch unser Finanzchef hier eine klare Position zu beziehen scheint und den Plan, nach China zu gehen, unterstützt. Aber welche davon unabhängigen Gründe sind für Dich ausschlaggebend, eine Investition in China zu empfehlen?«

Die Brunnenvergiftung

Diese radikale, manchmal auch plumpe Taktik benutzt der Manipulator, um die gegnerische Position von vornherein aus dem Rennen zu werfen und sich auf diese Weise einen Argumentationsvorsprung zu verschaffen. Dabei wird der Gesprächspartner in einer möglichen Gegenposition erschüttert, noch bevor er überhaupt ein Wort geäußert hat. Sollte jemand nun doch diese Position einnehmen, trinkt er aus einem vergifteten Brunnen – und das ist auch im besten Fall schon unangenehm.

BEISPIELE

»Wer wirklich ehrlich zu sich selbst ist, der wird sofort einsehen, dass die Behauptung, unser Anliegen sei nur profitorientiert, jeder Grundlage entbehrt.«

»Niemand mit gesundem Menschenverstand wird ernsthaft den Standpunkt vertreten, dass wir unsere Firmenpolitik ändern sollten.«

»Wem es wirklich um gemeinsame Ziele geht, der wird uns bei diesem Antrag unterstützen.«

Sollten Sie gegen diese Meinungen opponieren wollen, riskieren Sie, als jemand dazustehen, der nicht ehrlich zu sich selbst ist, dem gesunder Menschenverstand fehlt oder der die gemeinsamen Ziele verrät.

BEISPIEL

Lothar zu seinen Mitarbeitern: »Nun lassen Sie mal die Kirche im Dorf. Halbwegs vernünftige Menschen werden doch aus dieser Sache keinen großen Konflikt machen ...«

Wer jetzt aufsteht und gegenteiliger Meinung ist, der scheint zu jenen Individuen zu gehören, denen Vernunft abgeht. Wer wird sich da noch trauen!

Das Faszinierende an dieser Taktik ist, dass der Gesprächspartner oder Opponent in seiner Position erschüttert wird, bevor er überhaupt das Wort ergriffen hat. Die gegnerische Position wird so »vergiftet«, dass jeder, der diese Position einnimmt, sich selbst diffamiert.

Eine besonders geschickte Variante der Brunnenvergiftung finden wir bei folgender Vorgehensweise: Der Manipulator macht zuerst klar, dass alle anderen Standpunkte von Vertretern bestimmter Interessengruppen stammen, die allesamt eigennützige Motive verfolgen. Im zweiten Schritt deutet er an, dass die eigene Position absolut objektiv und frei von egoistischen Interessen ist. Sobald nun jemand auftritt, der eine andere Position vertritt, steht er unversehens als typischer Interessenlobbyist da.

Die Brunnenvergiftung wird als Taktik gern benutzt, wenn die eigene Position einer genaueren Untersuchung nicht standhält, wenn es um die eigene Sache also nicht zum Besten steht und man einer Diskussion ausweichen möchte. Sie ist besonders wirkungsvoll, wenn die gegnerische Position der landläufigen Meinung entgegensteht. Eine geschickte Brunnenvergiftung kann in solch einem Fall die Korrektheit des gegnerischen Standpunkts verdecken.

Noch eines ist wichtig: Gegen eine Brunnenvergiftung aufzustehen bedeutet, viel Energie und Kraft zu investieren, um seine Position zu vertreten. Die Kluft zwischen den Positionen wird dadurch scheinbar vergrößert und damit auch das Konfliktpotential. Durch eine Brunnenvergiftung wird ganz nebenbei auch die Stimmung vergiftet, und da die meisten Menschen nach harmonischen und friedlichen Beziehungen streben, stehen sie nicht auf, um ihre Position zu verteidigen.

Abwehr

Bei besonders deutlichen und plumpen Fällen von Brunnenvergiftung empfehlen wir: Haben Sie Mut und trinken Sie aus dem Brunnen! Ignorieren Sie die Brunnenvergiftung, denn sie ist nur eine Illusion. Es wird Ihnen weniger passieren als Sie befürchten. Insbesondere dann, wenn Sie den Gesprächspartner auf echte Begründungen festnageln.

BEISPIEL

Max: »Niemand mit gesundem Menschenverstand wird heutzutage noch dafür plädieren, dass in unseren Schulen wieder eine Geschlechtertrennung eingeführt werden sollte.«

Moritz: »Auch auf die Gefahr hin, dass mir gesunder Menschenverstand fehlt, bin ich doch der Meinung, dass einiges für eine Geschlechtertrennung spricht. Aber erkläre mir doch bitte, warum du eine Geschlechtertrennung für falsch hältst.«

In weniger eindeutigen und versteckteren Fällen von Brunnenvergiftung

- markieren Sie die unfaire Taktik,
- stellen Sie kritische Fragen
- oder fordern Sie auf, echte Gründe zu nennen.

BEISPIEL

Gabi: »Also, wenn Du nur noch ein bisschen Verstand hast, dann weißt Du, dass es Unfug ist, in Deinem Alter noch den Motorradführerschein zu machen.«

Ruth: »Was spricht denn dagegen, mit 50 noch Motorrad fahren zu wollen?«

Ruth reagiert auf Gabis Brunnenvergiftung mit einer Begründungsfrage. Dadurch schiebt Sie auf elegante Weise Gabi die Beweislast zu. Gabi kann sich nicht mehr hinter einer brunnenvergiftenden Formulierung verstecken.

Die Evidenztaktik

Bei der Evidenztaktik wird ein Sachverhalt als völlig klar und evident hingestellt, so dass sich jede weitere Diskussion und Argumentation im Grunde erübrigt. Die Taktik funktioniert nach folgendem Schema:

Es ist vollkommen klar, dass A wahr/richtig ist. Also muss A wahr/richtig sein.

Man sieht sofort, dass bei dieser Taktik eigentlich keine Begründung und Argumentation stattfinden. Sie wird angewendet, wenn der Manipulator sich seiner Beweislast entledigen möchte. Denn, wenn etwas völlig klar und evident ist, braucht man es auch nicht weiter zu diskutieren. Die besondere Wirkung der Evidenztaktik besteht darin, den Gesprächspartner in seinem Sachverstand und seiner Kompetenz herabzusetzen, wenn er etwas bezweifelt oder bestreitet, was doch offenkundig ist.

Der Manipulator setzt bei dieser Taktik häufig folgende Formulierungen ein:

- Es dürfte klar sein, dass ...
- Jeder weiß doch, dass ...

- Schon jedes Kind weiß, dass ...
- Es kann nicht geleugnet werden, dass ...
- Es ist ein unbestreitbares Faktum, dass ...
- Da sind wir uns doch einig, dass ...
- Es bedarf kaum einer Erwähnung, dass ...

Am besten funktioniert die Taktik, wenn die Behauptung, die als sonnenklar hingestellt werden soll, ein gewisses Maß an Akzeptanz besitzt, wenn die Behauptung also zu den gängigen Meinungen gehört. Sie wird schwieriger anwendbar, wenn die dadurch geschützte Behauptung nur von einer Minderheit vertreten wird und eher exotischen Status hat.

BEISPIEL

Ein Software-Projekt bei Centaurus gerät ins Stocken. Es wird diskutiert, ob mehr Leute ins Team aufgenommen werden sollten.

Ruth: »Ich denke, jedem ist doch klar, dass dieses Projekt nur erfolgreich zu Ende gebracht werden kann, wenn wir noch mehr Leute ins Team aufnehmen.«

Ob das wirklich jeder so sieht? Wer jetzt gegen Ruth opponiert, der riskiert, gegen etwas zu sein, was anscheinend jedem – außer ihm selbst – klar ist. Er bringt sich somit automatisch in eine »Minderheitenposition«, und Minderheiten haben es bekanntlich schwerer, ihren Standpunkt zu vertreten.

Abwehr

Lassen Sie sich von schützenden Formulierungen und Redewendungen nicht beeindrucken. Behalten Sie Ihre kritischen Zweifel, falls Sie welche haben. Äußern Sie vorsichtig, aber bestimmt Ihre Bedenken und Zweifel.

BEISPIEL

Karin: »Es ist sicher ein naheliegender Gedanke, das Team aufzustocken, um dadurch das Projekt planmäßig beenden zu können. Ich habe jedoch vor kurzem eine Untersuchung gelesen, die gezeigt hat, dass die Hereinnahme von neuen Mitgliedern in ein Team überraschenderweise den gegenteiligen Effekt hat, nämlich eine Projektverzögerung. Was haltet Ihr davon, wenn wir uns diese Untersuchung noch einmal ansehen, bevor wir eine Entscheidung treffen?«

Möglich wäre auch, dem Manipulator eine Begründungsfrage zu stellen, um ihm so die Beweislast, die er ja loswerden wollte, wieder zuzuschanzen.

BEISPIEL

Karin: »Du sagst das so sicher, Ruth. Was sind denn die wichtigsten Gründe aus deiner Sicht, dass dies so klappen könnte, wie Du vorgeschlagen hast?«

Die Garantietaktik

Bei der Garantietaktik verbürgt der Manipulator die Richtigkeit seines Standpunkts. Er wirft sich mit seiner ganzen Glaubwürdigkeit ins Feld und benutzt Redewendungen wie:

- Ich kann Ihnen versichern, dass ...
- Sie können mir glauben, dass ...

- Ich bin absolut überzeugt, dass ...
- Für mich gibt es nicht den geringsten Zweifel, dass ...

Benutzt der Manipulator solche Redewendungen, gibt er gewissermaßen sein Ehrenwort. Er bürgt für die Richtigkeit der aufgestellten Behauptung. Auch die Garantietaktik wird eingesetzt, um einer Diskussion zu entgehen und sich der Beweislast zu entledigen. In diesem Fall gibt der Manipulator seine persönliche Garantie für eine Sache. Wer nach diesem Schachzug noch Zweifel oder Kritik anmeldet, der könnte den Eindruck erwecken, er wolle die Glaubwürdigkeit des Sprechers in Frage stellen. Die Taktik funktioniert besonders gut, wenn der Manipulator hohes Ansehen genießt oder eine Machtposition einnimmt. Vorgesetzte können diese Taktik in aller Regel sehr gut gegenüber ihren Mitarbeitern einsetzen.

BEISPIEL

Bei BetaCom geht es um die Einführung eines neuen Zielsystems.

Inge: »Ich finde, das Arbeiten mit Zielen hilft uns nicht weiter, solange die Führung nicht dahintersteht.«

Helmut: »Eines ist doch völlig klar: Wir müssen uns verändern, und da ist jeder einzelne von uns gefragt. Ich versichere Ihnen, dass wir besonders unsere Zusammenarbeit durch dieses neue Zielsystem nachhaltig stärken werden.«

Helmut benutzt im ersten Schritt die Evidenztaktik, um dann im zweiten Teil seiner Äußerung gleich die Garantietaktik nachzuschieben.

Abwehr

Am besten überlegen Sie sich eine geschickte Frage, durch die Sie dem Manipulator wieder die Beweislast zuweisen.

BEISPIEL

Paul ist neu bei Xworld. Er hat das Gefühl, von seinen Kollegen geschnitten zu werden. Immer wieder kommt es zu kleinen Streitereien. Paul sucht Unterstützung bei seiner Vorgesetzten Nina, die zu beschwichtigen versucht.

Nina: »Ich versichere Ihnen, dass die Schwierigkeiten, die Sie im Moment mit Ihren Kollegen haben, nur die typischen Startprobleme sind.«

Paul: »Das freut mich, dass Sie die Angelegenheit noch positiv sehen können. Aber was macht Sie denn da so sicher?«

Durch seine Frage zielt Paul auf eine Begründung und Präzisierung. Er stellt die Glaubwürdigkeit von Nina nicht in Frage, sondern er gibt ihr das Signal: Erzähl mir mehr.

Die Traditionstaktik

Wer kennt ihn nicht, den berühmten Satz: »Das haben wir schon immer so gemacht und damit basta!« Nicht selten wird ein Sachverhalt als positiv oder richtig hingestellt, nur weil er schon lange Zeit Bestand hat. Etwas ist gut, eben weil es schon sehr alt ist.

BEISPIELE

Claudia argumentiert gegen die Einführung eines Konfliktmanagementsystems in ihrem Unternehmen: »Ich finde, wir sind bisher sehr gut ohne Konfliktmanagement ausgekommen. Wir haben unsere Probleme noch immer auf die eine oder andere Weise gelöst.«

Klaus wehrt sich gegen eine neue Produktpolitik: »Wir haben immer diese Produktpolitik verfolgt und sind doch ziemlich erfolgreich damit gewesen, nicht wahr?«

Christoph ist gegen die Einführung eines neuen EDV-Systems: »Wir haben bisher nie mehr als 10.000 Euro pro Jahr für unser EDV-System ausgegeben. Wir waren sehr zufrieden, und alles hat funktioniert. Was soll uns die Einrichtung dieses neuen Systems also bringen außer zusätzlicher Kosten?«

Die Traditionstaktik wird in der Regel benutzt, um für die Aufrechterhaltung des Status quo einzutreten. Durch diese Taktik sollen Veränderungen abgewehrt werden. Sie ist eine typische Blockadestrategie.

Obwohl Veränderungen wichtig und notwendig wären, haben es diejenigen, die dies deutlich erkennen, oft schwer, mit ihren Ideen durchzudringen. Fast nichts ist für Menschen beängstigender als Veränderung, und gerade heutzutage, da allerorten permanenter Wandel gepredigt wird, sehnen sich viele Menschen nach Konstanz und Beständigkeit. Auf diesen Wunsch zielt der Manipulator mit der Traditionstaktik ab. Die Taktik ist besonders erfolgreich, wenn sie in Begriffe wie »Kontinuität« und »Vertrautheit« verpackt ist.

Natürlich steht Tradition für Erfahrung und Erfahrung auch für Wissen. Da aber die Welt sich ändert, kann das Beharren auf Tradition und Bewährtes schnell in eine Sackgasse münden – mit dem Ergebnis: lautes Wehklagen und der Spruch: »Wenn wir das nur früher gewusst hätten!«

Abwehr

Am besten reagieren Sie auf die Traditionstaktik mit kritischen Fragen oder mit Fragen, die konstruktiv nach vorn gerichtet sind. Zum Beispiel: »Gut, wir haben es bisher immer auf diese eine Weise gemacht. Aber wie könnten wir es sonst noch machen?«

BEISPIEL

Verena: »Wir haben seit der Gründung unseres Unternehmens kein Personalentwicklungskonzept gebraucht. Und es hat auch so funktioniert, oder?«

Jürgen: »Du sagst, es hat auch so funktioniert. Gut, aber welchen zusätzlichen Nutzen könnten wir denn aus einem solchen Konzept für unseren Betrieb ziehen?«

Jürgen versucht, durch eine Frage, die Aufmerksamkeit auf die positiven Aspekte eines Personalentwicklungskonzepts zu lenken. Auf diese Weise erhofft er sich, Verenas starres Beharren auf die Vergangenheit zu durchbrechen.

Die Tabuisierungstaktik

Die Tabuisierungstaktik wird benutzt, wenn man eine Diskussion bestimmter Standpunkte von vornherein vermeiden und ausklammern möchte. Die Standpunkte werden tabuisiert.

Das kann verschiedene Gründe haben: Man will die kostbare Zeit nicht mit vermeintlich unnützen Diskussionen vergeuden, man möchte einfach seine Position durchsetzen und mögliche Schwächen verschleiern. Die Tabuisierungstaktik ist eine autoritäre Taktik. Sie kann besonders wirkungsvoll von Personen verwendet werden, die eine starke Machtposition innehaben. Vor allem Vorgesetzte werden also zur Tabuisierungstaktik greifen.

BEISPIEL

Der Abteilungsleiter zu seinem Team: »Eins möchte ich gleich vorwegschicken. Wir werden uns auf keine Diskussion einlassen, die die Einstellung von Herrn Müller betrifft. Hier ist meine Entscheidung gefallen.«

Der Geschäftsführer auf einer Strategieklausur zu den Workshopteilnehmern: »Möglicherweise werden einige noch einmal auf die Frage zurückkommen wollen, warum wir in den asiatischen Markt vordringen sollten. Ich möchte gleich zu Anfang betonen, dass ich eine Diskussion dieser Frage für unfruchtbar halte ...«

Wer die Tabuisierungstaktik benutzt wirft seine Autorität in die Waagschale. Dagegen aufzustehen und zu opponieren könnte als Versuch gewertet werden, die bestehenden Machtverhältnisse in Frage zu stellen.

Abwehr

Eine Reaktion auf die Tabuisierungstaktik erfordert natürlich viel Fingerspitzengefühl, weil Sie davon ausgehen können, dass der Manipulator aus nicht genannten, eigennützigen Motiven zu dieser Taktik greift. Wenn sich dieser dann auch noch in einer entsprechenden Machtposition befindet, riskieren Sie, dass diese Macht gegen Sie eingesetzt wird. Wenn Sie dennoch eine bereits ausgeschlossene Behauptung vertreten möchten, sollten Sie das sehr gut begründen können, zum Beispiel, indem Sie auf die positiven Effekte Ihrer Meinung hinweisen.

BEISPIELE

Eine Besprechung bei Beta-Royal, bei der es um die Planung der nächsten Verkaufsfördermaßnahmen geht.

Rüdiger: »Die Verkaufszahlen, die hier auf dem Tisch liegen, können nicht bezweifelt werden. Lassen Sie uns also diskutieren, welche Konsequenzen wir aus diesen Daten ziehen wollen.« Georg: »Die Zahlen scheinen in der Tat sehr einleuchtend zu sein. Ich habe jedoch einen Fehler in unserer Methode entdeckt, der möglicherweise unser ganzes Datenmaterial umstürzt. Kann ich Ihnen das vorstellen?«

Rüdiger klammert zunächst einen bestimmten Punkt (die Gültigkeit des Zahlenmaterials) aus der Diskussion aus. Georg greift aber exakt diesen Sachverhalt auf. Der entscheidende Aspekt seines Vorgehens: Er gibt eine Begründung dafür, warum das vorgelegte Datenmaterial diskutiert werden sollte.

Die Geschäftsleitung der RBZ GmbH bespricht, wie man auf die jüngste Preissenkung durch die Konkurrenz antworten sollte. Maya: »Wir brauchen gar nicht zu diskutieren, ob wir der Preissenkung unserer Mitbewerber folgen sollen oder nicht. Da müssen wir mitmachen. Es bleibt uns nichts anderes übrig.«

Hanna: »Ich sehe da eine Möglichkeit, wie wir die für uns negative Preissenkung nicht mitzumachen bräuchten und doch konkurrenzfähig bleiben.«

Durch Mayas Äußerung wird der mögliche Standpunkt, das Preisniveau beizubehalten, als nicht diskussionswürdig ausgeschlossen. Die Argumentierenden nehmen sich dadurch die Option, neue Alternativen zu überlegen und vor allem auch für diese Alternativen gute Gründe zu finden. Hanna reagiert jedoch sehr elegant und geschickt, indem sie ein positives Angebot macht.

Die Perfektionsfalle

Die Perfektionsfalle ist eine klassische Blockadestrategie. Dabei wird ein Vorschlag abgelehnt, weil er nicht perfekt ist, obwohl kein besserer Lösungsvorschlag in Sicht ist. Die Perfektionsfalle beruht auf dem *Fehlschluss der unerreichbaren Vollkommenheit*.

BEISPIELE

»Schatz, wie wollen wir denn dieses Jahr nach Rom fahren?« fragt Berta, »also ich wäre ja fürs Fliegen.« Guido, Bertas Freund, antwortet etwas zögerlich: »Wir sollten nicht mit dem Flugzeug reisen. Man weiß nicht, ob es wirklich sicher ist.«

Guido lehnt Bertas Vorschlag ab, weil es keine absolute Sicherheit beim Fliegen gibt. Aber welche Alternativen existieren? Auch Züge oder Autos können in Unfälle verwickelt werden. Guido begeht den Fehlschluss der unerreichbaren Vollkommenheit.

Robert ist Unternehmensberater. Er versucht, seinen Kunden davon zu überzeugen, dass es sinnvoll wäre, eine präzise Zukunftsstrategie zu entwickeln.

Kunde: »Sie sagen, wir brauchen eine Strategie. Aber wer garantiert uns, dass wir durch diese Strategie wirklich erfolgreicher werden? Können Sie uns das garantieren?« Robert: »Natürlich nicht.« Kunde: »Sehen Sie.«

Auch Roberts Kunde begeht den Denkfehler der unerreichbaren Vollkommenheit. Niemand wird garantieren können, dass eine Strategie so perfekt ist, dass automatisch ein wirtschaftlicher Erfolg eintritt.

In vielen Situationen steht uns keine perfekte Lösung zur Verfügung. Wir müssen vielmehr aus den uns gegebenen Möglichkeiten wählen. Jede dieser Optionen kann für sich genommen mit Defiziten behaftet sein. Man begeht einen Denkfehler, wenn man eine Alternative verdammt, weil sie nicht perfekt ist, obwohl keine bessere Lösung in Reichweite ist.

Wer perfekte Lösungen fordert, die alle Unwägbarkeiten ausschließen, verkennt die Realität. Wir haben immer nur mit begrenzten Möglichkeiten zu tun, die nie vollkommen sind, weil wir nicht alle Risiken ausschließen können. Könnten wir das, dann wären wir allmächtig. Tappen Sie also nicht selbst in diese Falle, und verlangen Sie keine perfekten Lösungen, wo dies unrealistisch ist.

Der Manipulator stellt die Perfektionsfalle auf, wenn er Vorschläge ablehnen oder Veränderungen verhindern möchte. Viele Vorschläge werden durch diese Taktik angegriffen, indem zum Beispiel geäußert wird, dass der Vorschlag im Grunde nicht weit genug geht, oder indem Veränderungen gefordert werden, die nicht erfüllbar sind und die jenseits der Kontrolle der Personen liegen, die den Vorschlag gemacht haben.

Abwehr

Sie können den Fehlschluss direkt ansprechen, oder Sie stellen eine geschickte, kritische Frage.

BEISPIEL

Konrad ist skeptisch gegenüber einem Qualitätssicherungssystem, das demnächst in seiner Abteilung eingeführt werden soll: »Es ist schön und gut, ein Qualitätssicherungssystem zu haben. Aber wer garantiert uns, dass dann keine Fehler mehr auftreten? Wie gewinnen wir die Sicherheit, dass wir wirklich keine Mängel mehr produzieren? Ein Qualitätssicherungssystem nach den ISO 9000 Normen kann uns das bestimmt nicht liefern.«

Anna reagiert auf Konrads kritische Äußerungen: »Wir sollten nicht den Fehler begehen und das geplante Qualitätssicherungssystem zurückweisen, weil es möglicherweise nicht absolut perfekt ist. Welche bessere Alternative sehen Sie zu dem geplanten System?«

Anna lädt Konrad durch ihre Frage ein, darüber nachzudenken, welche bessere Lösung existiert. Dadurch macht sie klar, dass es nicht darum geht, eine absolut perfekte Lösung zu suchen, sondern die beste der möglichen Alternativen zu wählen.

Die Irrelevanztaktik

Wenn man einen Standpunkt begründen möchte, ist man verpflichtet, echte Gründe aufzuführen. Die genannten Gründe müssen für den Standpunkt relevant sein. Wenn der Manipulator eine Begründung liefert, die mit seinem Standpunkt im Grunde nichts zu tun hat, dann wendet er die Irrelevanztaktik an. Diese Taktik ist ein typisches Ablenkungsmanöver.

BEISPIEL

Elke, ein Tennisprofi, wird gefragt, ob Leistungssport eigentlich irgendeinen Nutzen stifte. Sie antwortet: »Soll Leistungssport wirklich unnütz sein? Ich sage Ihnen eines. Wir arbeiten tagtäglich extrem hart an uns. Viele Stunden werden mit äußerst anstrengendem Training verbracht. Wir stehen dabei auch unter einem riesigen psychischen Druck. Deshalb braucht man eine enorme mentale Stärke.«

Es mag alles richtig sein, was Elke vorbringt. Aber zeigt es, dass Leistungssport nützlich ist? Elke begründet irgendeine andere Position, aber nicht die, die eigentlich zur Debatte steht. In Argumentationssituationen sollten Sie sehr genau darauf achten, ob tatsächlich die Position begründet wird, die zur Diskussion steht, oder ob bewusst oder unbewusst ein Ablenkungsmanöver gestartet wird.

Die Irrelevanztaktik wird gern eingesetzt, wenn man sich einer Kritik oder einem Angriff ausgesetzt sieht. Das Entscheidende bei der Taktik ist, dass man den Eindruck erweckt, als sei man noch beim Thema. Deshalb wird der Manipulator so oft wie möglich die Begriffe benutzen, die zum Diskussionsgegenstand passen, um auf diese Weise den Anschein aufrechtzuerhalten, als spräche man noch von derselben Sache.

Abwehr

Wenn Sie Zweifel haben, ob die genannten Gründe Ihres Gesprächspartners wirklich relevant sind, dann bitten Sie diesen am besten, seine Meinung noch einmal genau zu erläutern. Wenn er wieder dieselben zweifelhaften Gründe nennt, können Sie ihn durch eine kritische Frage auf die Irrelevanz aufmerksam machen und ihm gleichzeitig die Chance geben, seine Argumentation zu verbessern. Wird ganz bewusst ein Ablenkungsmanöver unternommen, sollten Sie versuchen, den Gesprächspartner deutlich auf das Thema oder die Frage zurückzuführen.

BEISPIEL

Harald: »Ich glaube, wir sollten der Empfehlung des Beratungsunternehmens folgen und ein eigenes Forschungs- und Entwicklungszentrum aufbauen. Denn wir alle wissen doch, ›Innovation‹ ist das Zauberwort – gerade in unserer Branche.«

Regina: »Natürlich ist Innovation in unserer Branche extrem wichtig. Aber inwiefern siehst Du einen Zusammenhang zum Aufbau eines eigenen Forschungs- und Entwicklungszentrums?« Regina erkennt, dass der Aufbau eines eigenen Forschungs- und Entwicklungszentrums und die Wichtigkeit von Innovationen zwei verschiedene Dinge sind. Natürlich stehen beide in einem Zusammenhang. Aber es ist unklar, wie die Wichtigkeit von Innovationen die Notwendigkeit eines eigenen Forschungszentrums bedingt. Auf diesen Zusammenhang zielt auch Reginas Frage.

Der Angriff auf die Person

Der Gesprächspartner wird direkt angegriffen

Nicht selten wird der Gesprächspartner vom Manipulator direkt angegriffen, indem er dessen Charakter, Vertrauenswürdigkeit oder Motive in Zweifel zieht. Es gibt zahlreiche Argumentationsformen, die mit Argumenten gegen die Person arbeiten. Sie sind eine besonders beliebte Variante, um einem Gesprächspartner das Recht abzusprechen, eine bestimmte Behauptung aufzustellen oder eine bestimmte Position zu vertreten. Der Manipulator kritisiert den Argumentierenden und nicht den Standpunkt, den er vertritt.

BEISPIELE

Nathalie: »Ich frage mich, warum ausgerechnet Sie sich so vehement dafür einsetzen, dass Herr Müller bleiben kann. Haben nicht gerade Sie darauf gedrungen, im letzten Jahr Frau Meier sofort zu entlassen.«

Gustav: »Kein Wunder, dass die Produktion wieder gegen diesen Vorschlag ist. Die wehren sich doch gegen alles, was irgendwie fortschrittlich ist.«

Hans: »Klar, dass Sie als Arbeitnehmervertreter gegen diese Lösung sind. Es könnte dadurch ja Ihr Einfluss verringert werden …«

Argumente gegen die Person sind oft eine wirkungsvolle Waffe. In den meisten Fällen sind sie jedoch eine bloße Taktik, den Gesprächspartner aus dem Rennen zu werfen. Solche direkten Angriffe stellen eine recht üble und unlautere Kategorie von Manipulationsmitteln dar. Hinter einem direkten Angriff steckt der Versuch, den Gesprächspartner als ernst zu nehmenden Diskussionspartner zu diskreditieren. Dahinter verbirgt sich die Überlegung: Wer als Person diskreditiert ist, besitzt keine Glaubwürdigkeit mehr.

Argumente gegen die Person werden vom Manipulator oft dann eingesetzt, wenn eine unbeteiligte dritte Partei am Gespräch teilnimmt oder ein Publikum zugegen ist. Durch diese Taktik zieht er die Sympathien des Publikums auf seine Position. Der Dialogpartner hat es oft äußerst schwer, sich aus der argumentativen Schlinge zu befreien, die ihm um den Hals gelegt wurde.

BEISPIEL

Walter versucht bei einer Besprechung, Egon, seinen Widersacher, aus dem Rennen zu schlagen: »Sie sagen, die neuen Verkaufszahlen sprechen dafür, ein paar neue Leute einzustellen. Warum sollten wir Ihren Zahlen vertrauen? Haben Sie uns nicht im letzten Jahr wichtige Zahlen verschwiegen?«

Walter zieht die Vertrauenswürdigkeit von Egon in Zweifel, ein massiver Vorwurf und Angriff auf die Person.

Um keine Missverständnisse aufkommen zu lassen: Natürlich können in einer Argumentationssituation die Integrität einer Person und ihr Verhalten legitimer Gegenstand der Diskussion sein. Man denke nur an politische Debatten. Natürlich ist es uns wichtig, dass wir unseren Politikern vertrauen können. Wir erwarten, dass sie ehrlich und integer sind und sich nicht korrumpieren lassen. Charakterliche Eigenschaften spielen hier also eine wichtige Rolle. Deshalb können in politischen Debatten Argumente gegen die Person durchaus eine wichtige Funktion haben.

Der Charakter einer Person kann für ein Argument also tatsächlich relevant sein. Doch dürfen Aspekte des Charakters auch wirklich nur dann zum Diskussionsgegenstand werden, wenn sie dafür auch von Bedeutung sind. Ist jemand als Justizminister geeignet, wenn er schon mehrere Meineide geschworen hat? Selbst wenn er sich eines Besseren besinnt, seine Glaubwürdigkeit wird von Anfang an erschüttert sein. Vertrauen wir einer Zeugenaussage, die von einem notorischen Lügner stammt? Im Gerichtssaal können Argumente gegen die Person ausschlaggebend sein. Sollte jemand für einen hochrangigen Posten ausgewählt werden, der schon öfter einen Mangel an Urteilskraft gezeigt hat oder der nur sehr langsam Entscheidungen trifft? Ob Charakterfragen relevant sind, hängt also vom Diskussionsgegenstand ab. Argumente gegen die Person sind also nicht immer illegitim.

Abwehr

Sie sollten versuchen, so schnell wie möglich auf die sachliche Ebene des Gesprächs zurückzukehren, z. B. indem Sie den Kritikpunkt als irrelevant für die Diskussion markieren.

BEISPIEL

Auf einem Workshop der Leitungskräfte von Omnitech macht David den Vorschlag, zwei Abteilungen zusammenzulegen, um so die Arbeit besser zu organisieren und stärker auf den Kunden auszurichten. Günter, ein Kollege, greift ihn an:

Günter: »Das ist doch Blödsinn, was Sie hier erzählen. Ausgerechnet Sie schlagen so schlaue Dinge vor. Dabei haben Sie mit Ihrer eigenen Firma Pleite gemacht.«

David: »Ich glaube, der Punkt, den Sie hier ansprechen, hat nichts mit der Sache zu tun, die wir verhandeln. Uns geht es um die Frage, wie wir effektiver werden können und nicht darum, wie ich mein Unternehmen geführt habe. Welche stichhaltigen Einwände haben Sie denn?«

David versucht also, die Diskussion sofort wieder auf die sachliche Ebene zu bringen, indem er klarmacht, was der eigentliche Diskussionsgegenstand ist. Eine andere Möglichkeit für David wäre es gewesen, mit einer geschickten Frage zu reagieren, zum Beispiel: »Wie bringt uns Ihr Beitrag zu meiner Vergangenheit bei der inhaltlichen Lösung unserer Frage weiter?«

Sie können den persönlichen Angriff auch einfach ignorieren und auf der sachlichen Ebene weitermachen.

BEISPIEL

Walter: »Sie sagen, die neuen Verkaufszahlen sprechen dafür, ein paar neue Leute einzustellen. Warum sollten wir Ihren Zahlen vertrauen? Haben Sie uns nicht im letzten Jahr wichtige Zahlen verschwiegen?«

Egon: »Ich kann Ihnen meine Zahlen ausführlich erläutern, wenn Sie möchten. Legen Sie Wert auf eine Erläuterung?«

Egon entschließt sich, Walters persönlichen Angriff zu ignorieren und sofort zu den Sachthemen zurückzukehren. Er macht dazu das Angebot, sein Zahlenmaterial zu erklären. Auf diese Weise behält er die Initiative.

Der Gesprächspartner wird indirekt angegriffen

Neben dem direkten Angriff auf die Person kann man auch indirekt angegriffen werden. Diese Variante wird häufiger benutzt als der direkte Angriff, da sie den Anschein von Objektivität wahrt und nicht so leicht als Beleidigung aufgefasst werden kann. Beim indirekten Argument gegen die Person zeigt der Manipulator einen Widerspruch auf zwischen dem Argument oder der Position einer Person und ihren Lebensumständen, Verhaltensweisen oder früheren Äußerungen. Indirekte Argumente gegen die Person können – gerade weil sie einen Schuss Sachlichkeit enthalten – sehr wirkungsvoll sein.

BEISPIELE

Ministerpräsident eines Landes: »Der Bund ist nicht in der Lage, die Finanzkrise in den Griff zu bekommen und ordentlich zu sparen.« Abgeordneter: »Bevor Sie den Bund kritisieren, sollten Sie in Ihrem eigenen Land die Situation in den Griff bekommen.«

Auf einem Workshop bei TeGnosis kommt es zu einer verbalen Auseinandersetzung zwischen den Teamleitern Bauer und Schulz.

Bauer: »Ich bin der Meinung, ein echtes Feedbacksystem könnte uns in unserem Unternehmen nützlich sein. Ich stelle mir vor, dass sich die Führungskräfte regelmäßig von ihren Mitarbeitern beurteilen lassen.«

Schulz: »Dass der Vorschlag ausgerechnet von Ihnen kommt, wundert mich. In Ihrem Team stimmt es doch überhaupt nicht. Ständig hört man von irgendwelchen Konflikten. Offensichtlich funktioniert das bei Ihnen gar nicht mit dem Feedback.«

Frau Peter gibt Frau Loibl eine Empfehlung, wie sie mit dem Verhalten ihrer Tochter besser zurechtkommen könne: »Vielleicht sollten Sie Ihre Tochter ihren eigenen Weg finden lassen und sie einfach machen lassen.«

Frau Loibl: »Ich weiß nicht, wo Sie Ihre guten Ratschläge hernehmen. Ist Ihre Tochter nicht von zu Hause weggelaufen?«

In all diesen Beispielen wird versucht, auf einen Widerspruch in der Position des Gegenübers aufmerksam zu machen. Der Ministerpräsident wird beschuldigt, die Probleme im eigenen Land nicht im Griff zu haben. Schulz wirft Bauer vor, den Vorschlag gar nicht ernst zu meinen, da es in seinem Team erhebliche Konflikte gebe. Frau Loibl denkt, Frau Peter ist als Ratgeberin nicht qualifiziert, weil sie selbst Probleme mit ihrer Tochter hat. Immer wird die Gültigkeit einer Behauptung bezweifelt, indem man auf einen Widerspruch aufmerksam macht.

Manipulationsmanöver, die mit solchen vermeintlichen Widersprüchen arbeiten, sind nicht zu unterschätzen. Denn das indirekte Argument gegen die Person greift ihre Glaubwürdigkeit an. Ist aber die Glaubwürdigkeit einmal dahin, geht auch Vertrauen verloren. Und wo das Vertrauen fehlt, besitzen die besten Argumente keine Überzeugungskraft mehr. Darauf spekuliert der Manipulator. Natürlich kann es sein, dass in der Position eines Gesprächspartners ein Widerspruch steckt. In den meisten Fällen handelt es sich bei einem indirekten Angriff jedoch um keinen echten, sondern nur um einen fadenscheinigen Widerspruch.

BEISPIEL

Ein Jäger wird der Barbarei beschuldigt, weil er unschuldige Tiere nur zum Zeitvertreib töte. Die Replik des Jägers darauf: »Warum essen Sie harmlose Tiere? Das ist doch das gleiche.«

Der Jäger wirft seinem Diskussionspartner vor, sich in einen Widerspruch zu verwickeln. Diese Replik des Jägers aber ist reine Taktik. Der Jäger liefert kein Argument dafür, dass die Jagd zum Zeitvertreib akzeptabel sei. Stattdessen greift er die Position des Kritikers an. Aber ist die Kritik, die er vorbringt, legitim? Weist er tatsächlich einen Widerspruch in der Position des Kritikers nach? Sehen wir uns die einzelnen Aussagen genauer an. Der Kritiker beschuldigt den Jäger, Tiere nur zum Zeitvertreib zu töten. Welche Verhaltensweise klagt nun der Jäger an? Er attackiert die allgemeine Praxis, Fleisch zu essen. Aber zwischen der Gewohnheit, Fleisch zu essen und der Ablehnung der Jagd zum bloßen Zeitvertreib besteht sicherlich kein logischer Widerspruch. Die Replik des Jägers zielt also völlig daneben. Es besteht nur ein oberflächlicher, aber kein tatsächlicher Widerspruch in der Position des Kritikers.

Auch in der Position von Frau Peter aus dem vorletzten Beispiel steckt kein echter Widerspruch. Dass sie selbst Schwierigkeiten mit ihrer Tochter hat, steht nicht in Widerspruch zu ihrer inhaltlichen Empfehlung.

Abwehr

Das Beste ist, wenn Sie klarmachen, dass vom Gesprächspartner zwei verschiedene Dinge miteinander verwechselt werden. Es ist eine Sache, Fleisch zu essen und eine andere Sache, Tiere zum Zeitvertreib zu töten. Es ist eine Sache, dass die eigene Tochter von zu Hause wegläuft und eine andere Sache, wie Frau Loibl mit ihrer Tochter umgehen sollte. Machen Sie also klar, dass von unterschiedlichen Dingen die Rede ist und kein Widerspruch besteht.

Der Angriff auf die Unparteilichkeit

Auch der Angriff auf die Unparteilichkeit des Gesprächspartners ist eine Variante eines Angriffs auf die Person. Dabei unterstellt der Manipulator seinem Gesprächspartner Voreingenommenheit. Die Kritik läuft darauf hinaus, dass man nicht darauf vertrauen kann, dass der Gesprächspartner wirklich einen fairen Dialog führt, da er versteckten Motiven und heimlichen Interessen folgt, die ihn zwangsläufig auf eine bestimmte Position festlegen. Aufgrund seiner Interessenlage kann der Gesprächspartner somit unmöglich objektiv sein.

BEISPIEL

Bei einer Gemeinderatssitzung der Gemeinde Krumpholzmaning:

Max: »... Ich glaube auch, es wird höchste Zeit, dass wir uns um die Erschließung des Auviertels kümmern und es als Bauland ausweisen. Das kann unserer Gemeinde nur gut tun.«

Maria: »Dass Du diesen Vorschlag unterstützt, wundert mich nicht. Du hast doch dort selbst ein Grundstück, oder?«

Maria wirft Max versteckte Motive vor, für eine bestimmte Seite zu argumentieren. Sie stellt seine Fairness und Objektivität in Frage. Dieses Manöver ist in vielen Fällen eine unfaire Taktik. Max besitzt möglicherweise gute Gründe für seinen Standpunkt. Diese Gründe sollte man von ihm einfordern. Stattdessen unterstellt Maria Max sehr eigennützige materielle Interessen. Doch selbst wenn Max einen wirklichen Nutzen davon hätte, wenn das Auviertel als Bauland ausgewiesen würde und er somit natürlich auch private Interessen daran hätte, folgt daraus noch nicht zwangsläufig, dass seine Position nicht haltbar ist und er somit von der Diskussion ausgeschlossen werden sollte.

Vielleicht wollte Maria andererseits auch gar nicht erklären, dass der Standpunkt von Max wertlos ist, sondern nur, dass man im Auge behalten sollte, dass Max in einen Interessenkonflikt geraten könnte.

Abwehr

Versuchen Sie auf der sachlichen Ebene des Gesprächs weiterzumachen. Leugnen Sie nicht, was nicht zu leugnen ist. Wenn man bestimmte Interessen hat, dann kann man sie in der Regel auch zugeben. Daraus folgt nämlich nicht, dass einem nur daran gelegen ist, seine eigenen Interessen durchzusetzen. Aus der Tatsache, dass man Interessen hat, folgt noch keine Voreingenommenheit. Ein guter Verhandler wird immer nach Lösungen Ausschau halten, bei denen die Interessen aller Beteiligten berücksichtigt werden.

BEISPIEL

Max reagiert mit folgender Äußerung: »Natürlich habe ich dort ein Grundstück, und natürlich hätte ich auch einen Nutzen davon, wenn wir das Gebiet als Bauland ausweisen. Ich habe jedoch davon unabhängige Gründe, die für meinen Standpunkt sprechen. Drei davon kann ich ja z. B. mal nennen ...«

Max versucht, wieder eine sachliche Atmosphäre zu schaffen, indem er sofort zugibt, was nicht abgestritten werden kann. Sein Trumpf ist Ehrlichkeit. Natürlich könnte er den Ball auch mit gleicher Stärke zurückspielen, indem er seine Gesprächspartnerin gleichfalls der Voreingenommenheit bezichtigt. Dann hätte er sich vielleicht so geäußert: »Klar, dass Ihr Naturschützer mit solchen Unterstellungen arbeitet. Ihr seid ja am Fortschritt unserer Gemeinde überhaupt nicht interessiert. Euch wäre es doch am liebsten, wenn wir uns zurück ins letzte Jahrhundert entwickeln würden.« Eine rationale Diskussion wird nach dieser Äußerung aber kaum mehr stattfinden. Die Diskussion würde eher in ein fruchtloses Streitgespräch münden.

Die Prinzipienfalle

Fakten zu ignorieren, weil sie unseren heiligen Prinzipien entgegenstehen, ist ein Denkfehler. Die Prinzipienfalle arbeitet jedoch mit eben diesem Fehler: Tatsachen werden ignoriert oder verneint, weil sie Prinzipien oder festen Überzeugungen widersprechen, an denen man unbedingt festhalten möchte. Dieser Denkfehler heißt *Fehlschluss der Faktenverneinung*.

Unsere Prinzipien und Überzeugungen sollten jedoch immer an der Realität getestet werden und nicht umgekehrt. Wenn Tatsachen unseren allgemeinen Anschauungen widersprechen, müssen wir sie in der Regel eben ändern.

BEISPIEL

Bei SenTex wurde ein neues Produktentwicklungsteam zusammengestellt. Die beiden Teamleiter, Andreas und Franz, unterhalten sich darüber, wie die Zusammenarbeit im Team bisher läuft. Beide stellen fest, dass man bisher sehr zufrieden sein kann. Das Team arbeitet wirklich gut zusammen. Franz ist jedoch noch etwas skeptisch. Er glaubt, dass nach der klassischen Teamtheorie noch eine Spannungsphase – Storming-Phase genannt – eintreten muss, bevor eine wirklich fruchtbare Zusammenarbeit entstehen kann.

Franz: »Ich glaube, die Gruppe muss erst eine Storming-Phase durchlaufen, bis sie wirklich gut zusammenarbeiten kann.«

Andreas: »Aber die Gruppe arbeitet doch schon erfolgreich. Schon nach zwei Tagen hat sie einen kompletten Projektplan erarbeitet.«

Franz: »Das ist nur oberflächlich betrachtet so, es wird sich noch ändern. Das wirst du schon sehen.«

Franz betrachtet die Welt mit seiner Theorie im Hinterkopf. Da die Fakten der Theorie zu widersprechen scheinen, ändert Franz nun nicht die Theorie, sondern die Welt: Die Welt ist nicht wirklich so, wie sie uns scheint.

Oft ist es vernünftig, an einem Prinzip oder einer Überzeugung festzuhalten, auch wenn es eine widersprechende Tatsache gibt. Allerdings muss dann nach einer Erklärung gesucht werden, warum das Faktum das Prinzip nicht wirklich widerlegt. Verkehrt wäre es jedoch, Prinzipien oder allgemeine Überzeugungen generell nicht an den Tatsachen zu messen.

Die Prinzipienfalle wird oft dann eingesetzt, wenn man der Realität einfach nicht ins Auge blicken möchte. Oft ist sie Ausdruck purer Hilflosigkeit. Geschickt wird sie angewandt, wenn die Tatsachen nicht direkt geleugnet, sondern so uminterpretiert werden, dass gezeigt werden kann, dass sie nicht das sind, was sie zu sein scheinen.

BEISPIEL

Hans ist der Meinung, dass es im Abteilungsteam einen tieferliegenden Konflikt geben muss.

Peter, sein Kollege, erklärt: »Aber alle haben geäußert, dass sie keinen solchen Konflikt sehen.«

Darauf sagt Hans: »Gerade das zeigt doch, dass es da einen Konflikt gibt.«

Hans deutet die Tatsachen (hier: die Äußerung der Teammitglieder, dass kein Konflikt existiere) so, dass sie zu seiner Überzeugung passen. Auf diese Weise könnte man beliebige Standpunkte rechtfertigen. Will man beispielsweise für die Position eintreten, dass Entwicklungshilfe unter allen Umständen absolut notwendig ist, hätte man mit folgender Argumentation leichtes Spiel: Zeitigt die Entwicklungshilfe positive Effekte, ist hinreichend bewiesen, dass sie gebraucht wird. Bleiben die Erfolge dagegen aus, zeigt das nur, dass mehr Entwicklungshilfe erforderlich ist.

Abwehr

Nennen Sie die Taktik beim Namen, um deutlich zu machen, welches Manöver der Manipulator gerade versucht.

BEISPIEL

Erich: »Es gibt eine Reihe von Anzeichen, dass es in Asien zu Währungsturbulenzen kommen könnte.«

Günter: »Es ist trotzdem gut und richtig, in Asien zu investieren. Wir lassen uns nicht mürbe machen.«

Erich: »Günter, wir sollten aufpassen, nicht den Fehlschluss der Faktenverneinung zu begehen. Du weißt selbst, wie leicht es passieren kann, an der Realität vorbei zu handeln. Lass uns doch die Tatsachen noch einmal prüfen.«

Emotionale Appelle

Besonders wichtige Verbündete für den Manipulator sind Gefühle und Emotionen. Wenn der Manipulator Emotionen nutzt, um seinen Standpunkt durchzusetzen, dann sprechen wir von emotionalen Appellen. Dieser Einsatz ist oft illegitim, vor allem dann, wenn emotionale Appelle das einzige Mittel darstellen, um einen bestimmten Standpunkt zu stützen oder einen anderen aus dem Feld zu schlagen. Der emotionale Appell soll den Gesprächspartner dazu bringen, eine bestimmte Behauptung zu akzeptieren oder abzulehnen. In solchen Fällen findet keine echte Überzeugung statt. Vielmehr wird eine mächtige Beeinflussungsstrategie gewählt, die den Gesprächspartner oder den Adressaten in eine bestimmte Richtung drängen soll.

Gefühle spielen in unserem Leben eine wichtige Rolle. Sie sind ausschlaggebend dafür, dass wir Entscheidungen treffen und dass wir handeln. Rationale Gründe und Vernunft zeigen uns die Richtung, in die unser Handeln münden könnte. Gefühle sind die Motivatoren, die uns schließlich zum konkreten Handeln bewegen.

Diese Macht der Emotionen setzt der Manipulator ein. Dabei steht ihm die gesamte Bandbreite emotionaler Empfindungen zur Verfügung: Mitleid, Furcht, Solidarität, Neid, Hass, Stolz, Gleichmaß usw. Der Manipulator zielt mit seinen emotionalen Appellen auf die Instinkte seines Gesprächspartners. Es geht ihm darum, kritisches Denken außer Kraft zu setzen, um seiner Sichtweise zur Durchsetzung zu verhelfen.

Wir werden uns einige typische Beispiele für emotionale Appelle ansehen: populäre Gefühle, Solidaritätsgefühle, Furcht, moderate Gefühle, Appelle an die Fairness und Mitleid.

Appell an populäre Gefühle

Der Appell an populäre Gefühle ist eine typische Methode der Werbebranche. Es werden Emotionen und Meinungen wachgerufen, die in der Bevölkerung weite Zustimmung finden. Man appelliert an Gefühle, von denen man weiß, dass sie auf die Bedürfnisse der meisten Menschen antworten. Denken Sie nur an die Werbeszenen, in denen die glückliche Familie um den festlich gedeckten Sonntagstisch versammelt ist und herrlich duftenden Kaffee genießt.

Beim Appell an populäre Gefühle spricht der Manipulator gezielt eine Emotion an, von der er weiß, dass sie bei seinem Gegenüber offen oder latent vorhanden ist.

BEISPIEL

Auf einem Workshop versucht Konrad, die Teilnehmer auf seine Seite zu ziehen: »Ich glaube, wir hätten die Probleme nicht miteinander, wenn uns unsere Führung klarere Richtlinien geben würde. Die da oben sind es doch, die uns diese Suppe hier immer wieder einbrocken.«

Konrad spricht aus, was viele denken, nämlich dass die Führung im Grunde an ihrer Misere Schuld ist. Konrad nutzt diese allgemeine Einstellung für seine Position aus.

Appell an das Solidaritätsgefühl

In engem Zusammenhang mit populären Gefühlen steht der Appell an das Solidaritätsgefühl. Dabei versucht der Manipulator, Gefühle der Solidarität zu wecken und ein Wir-Gefühl zu erzeugen, mit dem er sein Gegenüber auf seine Seite ziehen will.

BEISPIEL

Dieter möchte Sonja dafür gewinnen, ihn bei der nächsten Budgetplanung zu unterstützen: »Schauen Sie, Sonja, wir sitzen doch im Grunde im selben Boot. Sie möchten erfolgreich in Ihrer Abteilung sein, und ich natürlich auch. Beide haben wir oft mit Entscheidungen zu tun, die wir eigentlich nicht nachvollziehen können ...«

Dieter ebnet den Weg durch einen Appell an das Solidaritätsgefühl. Er spekuliert darauf, sich auf diese Weise Sonjas Wohlwollen und Unterstützung zu sichern.

Appell an die Furcht

Furcht ist eine wichtige Emotion. Aus Angst sind Menschen bereit, Dinge zu tun, die sie sich vorher nicht zugetraut hätten. Beim Argumentieren oder Verhandeln werden die Gefühle der Angst oft durch drastische Beispiele untermauert und auf diese Weise bewusst verstärkt.

BEISPIELE

Kurt möchte Helmer zur Kooperation bewegen: »Ich hoffe, Ihnen ist klar, dass wir im Grunde nur am Tropf unserer Muttergesellschaft hängen. Wenn wir nicht erfolgreich sind, nun ja ... es gibt Überlegungen, die Firma aufzulösen, und was das bedeutet, brauche ich Ihnen wohl nicht zu sagen. Sie sollten in diesem Quartal unbedingt die Umsatzziele erreichen.«

Kurt setzt auf Angst, um seinen Gesprächspartner auf seine Seite zu ziehen. Furcht kann auch als versteckte oder offene Drohung eingesetzt werden:

Berthold: »Ich hoffe, Euch ist klar, dass keiner Eurer Arbeitsplätze wirklich sicher ist. Wer also die anstehenden Veränderungen nicht mitmachen will, sollte sich das gut überlegen!«

In diesem Beispiel arbeitet Berthold mit einer versteckten Drohung. Der Sprecher setzt gezielt auf die Angst der Mitarbeiter, ihren Arbeitsplatz zu verlieren. Jedes kritische Fragen wird damit unterbunden. Aber sehr wahrscheinlich erlischt auch das Engagement der Mitarbeiter für die anstehenden Aufgaben.

Appell an moderate Gefühle

Eine ganz besondere Taktik ist es, wenn dafür appelliert wird, keine Extreme zu verfolgen, sondern einen ausgeglichenen Mittelweg zu gehen. »Moderato« heißt das Motto. Für das Moderate ist der Gesprächspartner besonders dann empfänglich, wenn er sich für sehr rational und vernünftig hält. Man glaubt, dass die Wahrheit in der Ruhe und im Mittelweg liegt. Diese Taktik wird oft durch Wendungen begleitet wie: »Wir sollten hier vernünftig vorgehen ...«

BEISPIEL

Ein Top-Manager wird gefragt, ob der Staat stärker in das Marktgeschehen eingreifen sollte. Er antwortet: »Wissen Sie, das eine Extrem repräsentieren diejenigen, die eine starke Industriepolitik fordern, das andere Extrem jene, die mehr freien Wettbewerb verlangen. Wie immer liegt die Wahrheit in der Mitte. Wir müssen eine vernünftige Politik betreiben: Wir brauchen eine ausgewogene Balance zwischen einer intelligenten Industriepolitik und einem sich selbst regulierenden Markt.«

Die Wahrheit liegt also in der Mitte. Aber wo ist das genau? Und warum ist das so?

Appell an die Fairness

Die meisten Menschen möchten fair sein und integre Ziele verfolgen. Für den Manipulator also ein probates Mittel, um seine Position zu stärken. Es wird relativ häufig an diesen Wunsch, fair und integer zu sein, appelliert.

BEISPIEL

Norbert: »Frau Meier, ich kenne sie ja jetzt schon sehr lange. Und ich weiß, dass Ihnen immer daran liegt, eine faire und gerechte Lösung zu finden. Lassen Sie uns doch auch dieses Mal wieder so vorgehen. Mein Vorschlag wäre daher, dass Sie Ihr Lösungsmodell zunächst noch einmal zurückziehen und wir gemeinsam überlegen ...«

Ob Frau Meier so viel Stehvermögen besitzt, diesen emotionalen Appell zu ignorieren?

Appell ans Mitleid

Mitleid ist ein starkes Gefühl, das uns sehr oft zum Handeln bewegt. Doch beim Argumentieren und Verhandeln wird es schnell irreführend, mit Appellen an das Mitleid einen Standpunkt zu begründen.

BEISPIEL

Lydia hat Schwierigkeiten mit Frau Müller. Sie geht zu ihrer Vorgesetzten, Karin, um diese zu bitten, sich des Konflikts anzunehmen.

Karin: »... Sie sagen, Sie kommen mit Frau Müller nicht aus. Aber versetzen Sie sich mal in ihre Lage: Sie hat drei Kinder zu versorgen, ist alleinstehend und Sie wissen, dass ihr Gehalt auch nicht so toll ist, da sie ja nur halbtags arbeitet. Die Frau muss schauen, wie sie über die Runden kommt. Da kann man doch verstehen, dass ihre Nerven blank liegen und sie hin und wieder unangemessen reagiert.«

Karin appelliert hier ganz deutlich an Mitleidsgefühle, um zu beschwichtigen.

Abwehr

Der wichtigste Schritt ist zu erkennen, dass mittels emotionalem Appell versucht wird, Sie zu etwas zu bewegen. Sie können durch kritisches Fragen den Gesprächspartner dazu auffordern, sachliche Gründe anzuführen. Selbstverständlich könnten Sie die Taktik auch ignorieren und weitermachen, oder die Schallplatte mit Sprung auflegen, also Abwehrmethoden wählen, die wir Ihnen im Kapitel »Elegante Abwehrtechniken« vorgestellt haben.

Sie können auch die Taktik beim Namen nennen, sollten aber das angesprochene Gefühl ernstnehmen.

BEISPIEL

Monika appelliert an Mitleidsgefühle: »Wenn wir Herrn Peter jetzt entlassen, wird er vielleicht keinen neuen Arbeitsplatz mehr finden. Immerhin ist er schon 55 Jahre alt. Er hat eine kranke Tochter zu Hause, und seine Frau ist vor kurzem gestorben. Obwohl er aktiv Mobbing gegen Kolleginnen betrieben hat, sollten wir ihm noch eine Chance geben.«

Katharina: »Natürlich ist Mitleid wichtig. Aber wir sollten eine Entscheidung nicht auf Mitleid gründen, sondern auf zwingende Gründe. Herr Peter war die entscheidende Person in der Mobbing-Affäre. Wir müssen unsere Mitarbeiter schützen. Daher müssen wir Herrn Peter so schnell wie möglich entlassen – auch wenn uns das nicht leicht fällt.«

Katharina spricht den emotionalen Appell an und bringt gleichzeitig Gründe für ihren Standpunkt, dass Herr Peter nicht weiter im Unternehmen beschäftigt werden sollte.

Emotional gefärbte Begriffe einsetzen

Die Worte, die Sie benutzen, färben Ihre Argumente. Nur durch die Wahl Ihrer Worte können Sie Ihre inhaltliche Argumentation unterstützen und die Ihres Gesprächspartners unterminieren. Wer etwas Positives ausdrücken möchte, spricht anstelle von »Kosten« von »Investitionen«, anstelle von »Problemen« von »Situationen« oder »Herausforderungen«, anstelle von »Fehlern« von »Verbesserungspotentialen«, anstelle von »Krisen« von »Lernchancen«. Wer Dinge eher ins Negative rücken möchte, spricht nicht von »Lernchancen«, sondern von »Krisen«, anstelle von »Herausforderungen« von »Katastrophen«, anstelle von »konstruktiven Vorschlägen« von »unausgegorenen Ideen« usw.

Diese Macht der Worte nutzt der Manipulator aus. Wörter können die Argumentation in ein bestimmtes Licht rücken, so dass die inhaltliche Qualität der Argumente aus dem Blickfeld gerät.

BEISPIEL

Egon: »Wir sollten in unserem Unternehmen kein Reengineeringprogramm starten. Das ist doch nur wieder eine dieser Managementmoden, die aus Amerika importiert wurden.«

Egon ist gegen ein Reengineeringprogramm. Das ist seine zentrale Behauptung. Er begründet diese Behauptung damit, dass es sich dabei um eine jener Managementmoden handelt, die aus Amerika importiert werden. Das Reizwort ist der Ausdruck »Managementmode«. Die Verwendung impliziert, beim Reengineering handle es sich um keine substantielle Methode, die Erfolg verspricht, sondern lediglich um eine neue, kurzlebige Modeerscheinung. Dieses Reizwort dominiert das gesamte Argument. Wenn jemand auch nur ansatzweise in eine ähnliche Richtung denkt wie Egon, wird er die zentrale Behauptung sofort unterschreiben. Im Grunde wird durch die Verwendung von negativen Ausdrücken jede Argumentation unterbunden.

Auch im folgenden Fall wird versucht, durch einen emotional gefärbten Ausdruck den eigenen Standpunkt zu untermauern:

BEISPIEL

Rudi zu seinen Arbeitskollegen: »Es bringt doch nichts, wenn wir schon wieder eine neue Arbeitsgruppe bilden. Da findet doch nur nutzloses Palaver statt.«

Ist das ein gutes Argument gegen die Einrichtung einer Arbeitsgruppe? Dass in solchen Arbeitsgruppen nur nutzloses Palaver stattfindet, ist der einzige Grund, den Rudi anführt. Aber das ist reine Polemik. Wenn Rudis Kollegen Arbeitsgruppen auf ähnliche Weise einschätzen, wird er jedoch dankbare Anhänger finden.

Wörter besitzen »Überzeugungsenergie«, die sich auf das gesamte Argument übertragen kann. Achten Sie daher darauf, ob in einem Argument Ausdrücke vorkommen, die allein aufgrund ihrer polemischen Kraft eine Konklusion zu stützen versuchen.

Abwehr

Entweder Sie stellen eine kluge Frage, durch die Sie den Gesprächspartner wieder auf eine sachliche Schiene lenken, (Frage an Rudi: »Was könnte man tun, um ›nutzloses Palaver‹, wie

Sie sagen, zu verhindern?«) oder Sie weisen darauf hin, dass der von Ihrem Gesprächspartner benutzte Ausdruck auf die Situation nicht zutrifft. (Reaktion auf Rudi: »Sie haben völlig recht. Es sollte verhindert werden, dass in Arbeitsgruppen ineffektiv diskutiert wird. Das aber können wir ohne Weiteres erreichen, wenn wir ...«)

Die Strohmanntaktik

Bei der Strohmanntaktik geschieht Folgendes: Dem Gesprächspartner wird ein fiktiver Standpunkt unterstellt, oder sein Standpunkt wird verzerrt oder übertrieben. Der fiktive oder veränderte Standpunkt ist dann ein leichter Gegner, der vom Manipulator mühelos niedergestreckt werden kann.

Vor allem in Pro-und-Kontra-Diskussionen werden Strohmänner gebaut. Dabei entsteht diese Taktik oft nicht einmal absichtlich. In vielen Fällen kommt es dazu, weil man den Standpunkt des Gesprächspartners entweder nicht genau begriffen oder dem Gesprächspartner nicht richtig zugehört hat. Besonders erfolgreich ist dieses Manöver dann, wenn der Gesprächspartner, dem ein bestimmter Standpunkt unterstellt wird, nicht anwesend ist.

Es gibt eine sehr raffinierte Variante, dem Gesprächspartner einen fiktiven Standpunkt anzudichten: Der Manipulator trägt eine gegenteilige Ansicht sehr betont und dezidiert vor. Indem er die Behauptungen gezielt unterstreicht, hört es sich so an, als würde der Gesprächspartner das Gegenteil vertreten.

BEISPIEL

Politiker A: »Ich finde, wir brauchen mehr Mut, schwierige Fragen offen zu diskutieren.«

Politiker B: »Meine Kollegen und ich stehen da mehr auf dem Standpunkt, dass es oberste Priorität sein muss, wieder einen klaren Konsens in unserer Gesellschaft herzustellen.«

Wenn der Gesprächspartner (Politiker A) nicht schnell genug erklärt, dass auch für ihn die Herstellung eines Konsenses oberste Priorität hat, dann kann es sein, dass man ihm stillschweigend die gegenteilige Meinung unterschiebt.

Neben der Konstruktion eines fiktiven Standpunkts sind Übertreibungen, Vereinfachungen, Verallgemeinerungen, das Weglassen von Einschränkungen und Nuancen weitere Beispiele für die Strohmanntaktik. Eine Klage, die man in diesem Zusammenhang oft hört, ist, dass eine Äußerung aus dem Kontext gerissen wurde. Das kann selbst dann passieren, wenn jemand wörtlich zitiert wird. Die isolierte Äußerung kann Implikationen haben, die im Gesamtzusammenhang nicht aufgetreten wären. Betrachten Sie zur Illustration folgenden Fall:

BEISPIEL

Hubert, ein bekannter Schauspieler, wird zu dem Gerücht befragt, er und seine Filmpartnerin hätten ein Verhältnis: »Sicher wäre die Vorstellung einer Affäre mit Nadja einfach ein Traum für viele Männer. Aber ich kann Ihnen versichern: Es gibt keine private Beziehung zwischen mir und Nadja.«

Am nächsten Tag steht in der Zeitung: »Hubert: ›Affäre mit Nadja einfach ein Traum.‹«

Eine Meinung kann man leicht dadurch verallgemeinern und verfälschen, dass man qualifizierende Ausdrücke wie »einige« oder »ein paar« oder »manchmal« weglässt, um den Eindruck zu erwecken, der Standpunkt beziehe sich auf »alle« »immer«.

BEISPIEL

Klaus: »Es kann manchmal sinnvoll sein, auch ein bisschen autoritär zu werden, gerade als Führungskraft, wenn es um wichtige Entscheidungen geht.«

Lena: »Es gibt jetzt doch viele neue Erkenntnisse zum Thema Führungsstil. Ich verstehe nicht, wie du für einen autoritären Führungsstil eintreten kannst.«

Für Lena ist die verallgemeinerte These natürlich viel leichter angreifbar, als die abgeschwächte These. Viele Gesprächspartner neigen daher dazu, die Standpunkte des anderen oberflächlich und undifferenziert darzustellen, um schließlich als Gewinner aus der Diskussion hervorzugehen.

Abwehr

Wenn Ihnen ein fiktiver Standpunkt unterstellt oder Ihre Position verzerrt wird, sollten Sie sofort einhaken und darauf drängen, dass dies nicht Ihre Meinung widerspiegelt. Wenn Sie nämlich zu viel Zeit verstreichen lassen, kann es sein, dass sich niemand mehr an die ursprüngliche These erinnert. In der Zwischenzeit hat der Manipulator bereits gepunktet.

BEISPIEL

Paula: »Wichtig wäre aus meiner Sicht, dass wir stärker in Entscheidungsprozesse einbezogen werden und nicht einfach vor vollendete Tatsachen gestellt werden.«

Rita, Paulas Vorgesetzte: »Wenn ich Sie bei jeder anstehenden Entscheidung fragen würde, was Sie tun würden, können Sie sich vorstellen, wohin uns das führt?«

Paula: »Mir geht es natürlich nicht darum, bei jeder anstehenden Entscheidung mitzusprechen. Mir geht es darum, dass wir einen Modus finden, wie wir bei strategisch wichtigen Entscheidungen einbezogen werden könnten. Das heißt möglicherweise nur, dass Sie uns um unsere Meinung fragen …«

Paula macht sofort deutlich, dass Rita in ihrer Antwort Paulas ursprüngliche Position nicht richtig dargestellt hat.

Der Trivialitätstrick

Ein Spezialfall der Strohmanntaktik ist die Taktik des trivialen Einwands. Dabei bringt der Manipulator einen Einwand, der nur Randaspekte eines Themas, eines Vorschlags oder Arguments betrifft.

BEISPIEL

Sven: »Ich bin dagegen, dass wir umziehen. Wir müssten dann ja so vielen Leuten unsere neue Adresse mitteilen!«

Kennzeichen des trivialen Einwands ist, dass er zwar richtig zielt, aber nicht auf den Kern der Sache, sondern nur auf einen Nebenaspekt, der in der Diskussion vernachlässigt werden kann. Triviale Einwände werden entweder aus bloßer Angst vor Veränderungen vorgebracht oder als Taktik, wenn man keine echten Argumente vorbringen kann. Manchmal wird mit dieser Taktik versucht, den Gesprächspartner irrezuführen, ihn zu provozieren oder zu zermürben.

BEISPIELE

Rosi: »Ich finde es nicht richtig, dass unsere Abteilungen zusammengelegt werden. Da habe ich wahrscheinlich einen ganz anderen Arbeitsplatz und andere Tischnachbarn, die ich nicht so gut kenne.«

Richard: »Mein Anwalt hat mir empfohlen, mich mit meinem Nachbarn gütlich zu einigen. Ich sehe das überhaupt nicht ein. Am Ende habe ich den noch beim Abendessen bei mir. Nein, ich will mit dem nichts zu tun haben. Das muss über das Gericht geregelt werden.«

Abwehr

Bügeln Sie die Einwände nicht einfach nieder: Bleiben Sie Lady oder Gentleman. Es könnte sein, dass Ihr Gesprächspartner seine Einwände tatsächlich für relevant hält. Wenn Sie gereizt reagieren, wird Ihr Gesprächspartner sich nicht ernst genommen fühlen und die Gefahr einer Konfrontation entsteht. Versuchen Sie, den Einwand wie eine Frage zu verstehen, die Sie ruhig und sachlich beantworten. Oder machen Sie darauf aufmerksam, dass der Einwand zwar in bestimmten Situationen ein sinnvoller Aspekt sein kann, aber nicht den zentralen Punkt Ihrer Position trifft. Manchmal ist es geschickt, dem Einwand mit einer Frage zu begegnen.

BEISPIEL

Andreas erklärt, dass es in einem Konfliktfall wichtig ist, herauszufinden, wo die Kerninteressen der beteiligten Parteien liegen. Martha erwidert:

»Aber was ist, wenn jetzt eine Partei gar nicht zum Gesprächstermin erscheint?«

Andreas erklärt: »Sicher besteht die Möglichkeit, dass ein Gesprächspartner nicht auftaucht. Welchen Zusammenhang sehen Sie da zu unserem Punkt, dass für die Lösung des Konflikts die Kerninteressen herausgearbeitet werden sollten?«

Durch seine Frage versucht Andreas Martha zum Nachdenken anzuregen. Wahrscheinlich erkennt Sie von allein, dass der Kern der Sache durch ihren Einwand nicht getroffen wird.

Der Zirkelschluss

Bei einem Zirkelschluss dreht sich der Manipulator im Kreis. Er begründet seinen Standpunkt mit genau diesem Standpunkt oder mit einer Formulierungsvariante davon.

BEISPIEL

Ines: »Es ging mir überhaupt nicht darum, Sie in irgendeiner Weise zu beleidigen und die Vereinbarung zu untergraben.«

Klaus: »Ich bin mir nicht mehr sicher, ob ich Ihnen noch vertrauen kann.«

Ines: »Das stimmt, was ich Ihnen sage. Sie können Frau Schulze fragen.«

Klaus: »Woher soll ich wissen, dass Frau Schulze nicht mit Ihnen gemeinsame Sache macht.«

Ines: »Das tut Sie bestimmt nicht. Das garantiere ich Ihnen.«

Ob diese Garantie Klaus befriedigen wird? Klaus soll Ines vertrauen, weil Frau Schulze bestätigen kann, was sie sagt. Und Klaus kann der Aussage von Frau Schulze vertrauen, weil Ines die Vertrauenswürdigkeit von Frau Schulze garantiert. Ein schöner Zirkel.

Zirkelschlüsse werden meist unabsichtlich gebraucht. Der Manipulator merkt nicht, dass er seinen Standpunkt durch eine inhaltlich identische Aussage zu begründen versucht. Häufig greift der Manipulator zum Zirkelschluss, weil er sonst keine Argumente weiß.

BEISPIELE

Hermann: »Unser Marketing sollte viel aggressiver sein.«

Otto: »Warum denn?«

Hermann: »Ich finde, es sollte einfach nicht so schwach und harmlos sein wie im Moment.«

Sohn: »Ich überlege, aus der Kirche auszutreten.«

Mutter: »Das halte ich für keinen guten Schritt.«

Sohn: »Warum denn?«

Mutter: »Ich finde das einfach nicht richtig.«

Sohn: »Ja, aber warum?«

Mutter: »Nein, es ist einfach nicht gut, aus der Kirche auszutreten.«

In beiden Fällen wird uns keine echte Argumentation geliefert. Die einzelnen Standpunkte werden durch sich selbst begründet.

Oft fällt der Zirkelschluss gar nicht auf. Er wirkt überzeugend, weil er einen einschärfenden Charakter hat. Uns wird die Behauptung quasi eingebläut. Hat die Behauptung gute Chancen, vom Gesprächspartner akzeptiert zu werden, weil sie ihm angenehm oder sympathisch ist, dann kann es sein, dass der Zirkelschluss erfolgreich ist. Denn der Gesprächspartner wird das Argument nicht so genau prüfen, wenn er ohnehin schon in die Richtung der vom Manipulator vertretenen Behauptung tendiert.

Ein Zirkelschluss kann dadurch getarnt sein, dass die Begründung, die die Behauptung stützen soll, mit anderen Worten formuliert ist, obwohl sie inhaltlich dasselbe aussagt.

BEISPIEL

Richard: »Die Gerechtigkeit verlangt, dass alle die gleiche Steuerlast tragen. Denn es ist ein Gebot der Fairness, dass alle Bevölkerungsgruppen zu gleichen Teilen Steuerbeiträge leisten.«

Begründung und Behauptung sind identisch, das Argument dreht sich dadurch im Kreis. Aber es fällt nicht unbedingt gleich auf, da unterschiedliche Worte benutzt wurden, um den Standpunkt auszudrücken.

Abwehr

Bei einem Zirkelschluss sollten Sie auf den Fehler aufmerksam machen. Wiederholen Sie die Behauptung, die der Manipulator aufgestellt hat, und die Gründe, die er genannt hat, um die Behauptung zu stützen. Dann wird deutlich, dass sich Ihr Gesprächspartner bei seiner vermeintlichen Argumentation im Kreis gedreht hat.

Der Mengentrick

Wenn viele Menschen hinter einem stehen, ist das nicht selten ein wichtiger Machtfaktor. Die Macht der Menge aber ist irrelevant, wenn es um das Argumentieren geht. Denn nur weil viele Menschen etwas glauben oder befürworten, muss ein Standpunkt noch lange nicht richtig sein. Diese Art der Argumentation heißt Zahlenargument.

BEISPIEL

Kuno zu seinem Kollegen: »Natürlich war die deutsche Einheit sinnvoll. 60 Millionen Deutsche können sich doch nicht irren.«

Es ist ein Fehler anzunehmen, dass eine Meinung berechtigt ist, nur weil viele Menschen diese Meinung vertreten. Aber der Mengentrick funktioniert oft sehr gut. Denn nur wenigen fällt es leicht, sich gegen eine Mehrheitsmeinung zu stellen.

BEISPIEL

Rainer: »Nathalie, ich verstehe ehrlich gesagt nicht, warum Sie so auf Ihrer Meinung beharren und unbedingt selbst einen Blick in die Unterlagen werfen wollen. Alle anderen in Ihrem Haus haben akzeptiert, dass es Experten dafür gibt, die besser beurteilen können, wie gut die Verträge sind.«

Wenn Nathalie nun trotzdem darauf besteht, die Unterlagen einzusehen, dann stellt sie sich gegen eine unsichtbare Mehrheit.

Abwehr

Weisen Sie darauf hin, dass die Anzahl der Anhänger nicht die Richtigkeit eines Standpunkts verbürgt.

BEISPIEL

Nathalie zu Rainer: »Es mag sein, dass alle anderen, dies so akzeptiert haben. Mir ist es wichtig, selbst einen Blick in die Unterlagen zu werfen.«

So leicht ist Nathalie nicht zu erschüttern.

Die Perspektivefalle

Wenn wir Entscheidungen vorbereiten, sollten wir uns sehr genau damit beschäftigen, welche Argumente dafür sprechen und welche dagegen. Dann müssen wir abwägen, welche Seite schwerer wiegt und welche Seite die besseren Argumente hat. Wer einer solchen Pro-und-Contra-Argumentation aus dem Weg geht, begeht den Fehler der einseitigen Perspektive.

BEISPIEL

Agnes: »Ich halte nichts davon, sich selbständig zu machen. Die Gefahren sind viel zu groß. Du musst viel zu viel arbeiten, hast keine Freizeit mehr. Du bist abhängig von den Banken, die Dein Unternehmen finanzieren. Du kannst Dich nicht um Deine Familie kümmern.«

Der Fehlschluss der einseitigen Perspektive kann sowohl von der Vorteilsseite her geschehen als auch von der Nachteilsseite. Eine objektive Abwägung wird in jedem Fall vermieden. Wenn relevantes Material ignoriert wird, dann lassen wir uns dadurch zu schnell auf eine Seite der Entscheidung ziehen. In unserer eigenen Argumentation sollten wir darauf achten, ob wir wirklich vorurteilsfrei alle Perspektiven geprüft haben. Wir betrügen uns selbst, wenn wir bloß die eine Seite der Medaille in Augenschein nehmen, nur weil sie am stärksten unseren Wünschen entspricht.

Es gibt eine sehr raffinierte Variante der Perspektivefalle, die der Manipulator für uns aufstellen kann. Sie funktioniert auf folgende Weise: Angenommen, der Manipulator will für die positive Seite einer Entscheidung argumentieren. Dann nennt er zuerst einen ganz marginalen Nachteil, sozusagen das Zugeständnis an die andere Seite (er täuscht eine objektive Vor- und Nachteilsabwägung vor) und startet dann mit der Aufzählung der positiven Aspekte, die natürlich die negativen übertrumpfen.

BEISPIEL

Bei der Logo GmbH geht es um die Frage, ob man ein neues Produkt herstellen sollte, obwohl man bisher keinerlei Erfahrung mit der Produktion dieses oder eines ähnlichen Produkts hat. Rudi favorisiert die Idee der Produktion. Er argumentiert: »Natürlich würde die Herstellung dieses neuen Produkts bedeuten, dass unsere Mitarbeiter eingearbeitet werden müssten, aber dem stehen die Vorteile entgegen, dass wir uns ein ganz neues Marktsegment erschließen können, ein Marktsegment, das ein ungeheures Wachstumspotential aufweist.«

Dass die Mitarbeiter eingearbeitet werden müssten, wenn man das fragliche Produkt herstellen will, ist nur ein Randaspekt der Nachteilsseite. Es dürfte schwerwiegendere Gründe geben, die gegen eine Produktion sprechen, über die Rudi aber geschickt hinweggeht.

Abwehr

Bitten Sie den Manipulator um eine Darstellung der anderen Seite oder stellen Sie kritische Fragen, durch die Sie deutlich machen, dass man die Sache nicht nur einseitig betrachten darf.

BEISPIEL

Auf die oben genannte Tirade von Agnes gegen das Selbständigmachen antwortet Hans: »Klar hast Du recht. Das können wirklich alles Nachteile sein. Aber welche Vorteile würden sich denn ergeben?«

Der definitorische Rückzug

Es gibt einige Verteidigungstaktiken, mit denen der Manipulator versuchen wird, seine Position zu retten, wenn er sie in Gefahr sieht. Eine übliche Form ist der definitorische Rückzug.

Bei einem definitorischen Rückzug ändert der Manipulator die Bedeutung der Wörter, wenn ein Einwand gegen seine ursprüngliche Formulierung vorgebracht wird.

BEISPIEL

Susanne: »Was ich gerade gesagt habe, war natürlich nicht als Kritikpunkt an Ihrem Vorschlag gemeint. Es war eher eine Einladung zu einem neuen Blickwinkel.«

Der definitorische Rückzug wird eingeleitet durch Worte wie »Ich meine natürlich ...«. Durch einen definitorischen Rückzug versucht man, einen Gesichtsverlust zu vermeiden, wenn man erkannt hat, dass es um die eigene Position ziemlich schlecht steht. Die Taktik geht am ehesten dann unbemerkt durch, wenn die gewählte neue Bedeutung sehr plausibel ist. Es wird für Sie nicht leicht sein nachzuweisen, dass Ihr Gesprächspartner tatsächlich einen definitorischen Rückzug begangen hat. Sie sollten ihn im Verdachtsfall noch einmal einladen, seine Position klar zu formulieren. Die nächsten Versuche eines definitorischen Rückzugs werden ihm dann schon schwerer fallen.

Absicherungstaktik und Sicherheitsleinen

Sich mehrdeutig oder vage ausdrücken

In engem Zusammenhang mit der Rückzugstaktik steht die Absicherungstaktik. Sie leitet oft einen definitorischen Rückzug ein. Dabei benutzt man mit voller Absicht mehrdeutige Begriffe oder vage Ausdrücke. Sollte die eigene Position gefährdet sein, zieht man sich einfach auf eine Bedeutung zurück, die dem Angriff entgeht.

BEISPIEL

Michael: »Mit offensiver Preispolitik habe ich natürlich nicht gemeint, dass wir in einen Preiskampf mit unseren Wettbewerbern eintreten sollten, sondern nur, dass wir in unserer Preispolitik flexibler sein sollten.«

Michael hat in seiner Äußerung gleich wieder eine Sicherung eingebaut, indem er von einer »flexiblen Preispolitik« spricht. Diese Position ist schwer anzugreifen, weil sie kaum einzugrenzen ist. Je nach dem Standpunkt des Gesprächspartners kann eine Bedeutung aus dem vagen Begriffsfeld »flexible Preispolitik« ausgewählt werden.

Die Absicherungstaktik ist ein typisches Manöver des Opportunisten, der sich auf nichts festlegt und sich dann der Meinung anschließt, die den sicheren Gewinn verspricht.

Abwehr

Bitten Sie den Manipulator, seine Position noch einmal genau zu präzisieren.

Sich auf versteckte Einschränkungen zurückziehen

Manchmal versucht der Manipulator, bereits in die Formulierung seines Standpunkts Sicherheitsleinen einzubauen. Eine Möglichkeit haben wir bereits im letzten Abschnitt kennen gelernt. Eine weitere Sicherheitsoption sind versteckte Einschränkungen.

Was kann man unter einer versteckten Einschränkung verstehen? Ihr Gesprächspartner hat bei der Formulierung seines Standpunkts eigentlich eine Einschränkung gemacht. Über diese Einschränkung aber geht er im weiteren Verlauf seines Arguments flott hinweg, so dass die Behauptung schließlich einen absoluteren Eindruck macht als sie durch die Einschränkung eigentlich machen dürfte. Dem Zuhörer entgeht dieser Fehler der versteckten Einschränkung.

BEISPIEL

Manuela versucht, ihren Vorgesetzten davon zu überzeugen, dass die Aufgaben im Team neu verteilt werden sollten und dazu eine eigene Teamsitzung einberufen werden sollte.

Manuela: »Praktisch alle Teammitglieder sind dafür, dass wir mal eine Besprechung abhalten, in der wir die Sache mit der Aufgabenverteilung zur Sprache bringen. Das haben die Gespräche gezeigt, die ich im Team geführt habe. Ich finde, bei dieser Einmütigkeit sollten wir eine solche Besprechung konkret planen.«

Der Ausdruck »praktisch« schränkt die Reichweite von Manuelas Behauptung ein. Sie fährt aber so fort, als wären alle Mitglieder wirklich befragt worden. Diese Ungenauigkeit wird oft aus rein taktischen Gründen angewendet. Wenn das Publikum oder der Zuhörer den Standpunkt nämlich nicht akzeptieren sollte, bleibt dem Argumentierenden die Möglichkeit, sich herauszureden. Manuela könnte ihre ursprüngliche Aussage abstreiten und behaupten, sie habe nur von einer »großen Mehrzahl« gesprochen, die für die Teamsitzung sei. Diese Taktik stellt eine Rückzugsmöglichkeit bereit, sollte der Manipulator in Bedrängnis geraten.

Andere typische Ausdrücke mit einschränkender Wirkung sind:

- im Grunde
- im Wesentlichen
- zu einem großen Teil
- unter gewissen Voraussetzungen
- im Prinzip

Solche einschränkenden Formulierungen sind für sich genommen nicht falsch oder inkorrekt. Es entsteht aber ein Argumentationsfehler oder ein Fehler in der Präsentation des eigenen Standpunkts, wenn man eine eingeschränkte Behauptung als absolute Behauptung darstellt.

Versteckte Einschränkungen werden oft und gern dann benutzt, wenn es keine definitiven Belege für einen behaupteten Zusammenhang gibt und eine Begründungslücke klafft. Obwohl also nur eine schwache Behauptung möglich ist, wird sie im Laufe der Diskussion zu einer starken Behauptung. Die Gefahr, aus schwachen Behauptungen starke zu machen, besteht vor allem da, wo es um die Beschreibung menschlichen Verhaltens geht und psychologische Erklärungen geliefert werden. Denn die meisten psychologischen Tatsachen und Zusammenhänge lassen nur sehr schwache Behauptungen zu.

BEISPIEL

Harald erläutert seine psychologische Theorie: »Jeder Mensch gehört zu einem bestimmten Typ. Mancher reagiert mehr auf visuelle Reize, mancher mehr auf auditive Reize. Wenn jemand zu Ihnen sagt: ›Das möchte ich mir gern näher ansehen‹, dann ist er gewöhnlich ein visueller Typ. Jetzt müssen Sie eine Sprache benutzen, die ihn als Augenmensch anspricht und ihm visuelle Reize bieten.«

Auf der einen Seite stellt Harald eine sehr starke Behauptung auf, er betont, jeder Mensch gehöre zu einem bestimmten Typ; auf der anderen Seite benutzt er sehr vorsichtige Formulierungen, die diesen Standpunkt einschränken. Er spricht davon, dass mancher mehr auf visuelle Reize reagiert und mancher mehr auf auditive Reize. Zeigt das, dass jeder Mensch zu einem gewissen Typus gehört?

Abwehr

Achten Sie darauf, ob der Manipulator einschränkende Formulierungen benutzt, die später insgeheim gestrichen werden, so dass die anfänglich schwache Behauptung zu einer starken Behauptung heraufgestuft wird. Fragen Sie den Manipulator, was genau seine Behauptung ist. Fordern Sie ihn also zu einer Präzisierung seines Standpunkts auf.

BEISPIEL

Ludwig reagiert auf Haralds Theorie. Ludwig: »Wie ist das genau zu verstehen? Heißt das, dass jeder Mensch einem bestimmten Typus zuzuordnen ist, oder heißt es, dass manche Menschen sich einem bestimmten Typus zuordnen lassen?« Ludwig bittet Harald also, seine eigentliche These zu präzisieren.

Teil 2: Training Manipulationstechniken erkennen und abwehren

Das ist Ihr Nutzen

Fühlen Sie sich manchmal manipuliert? Jeder von uns hat in der einen oder anderen Situation den leisen Verdacht, er wurde über den Tisch gezogen oder unfair behandelt. Der richtige Ärger kommt dann erst nach dem Gespräch, wenn uns einfällt, auf welche Tricks wir da wieder reingefallen sind, welche besseren Antworten wir hätten geben sollen. Hinterher ist man eben meistens schlauer.

Die folgenden Dialoge und die Fragen dazu helfen Ihnen dabei, schon vorher ein bisschen schlauer zu sein. Sie zeigen, welche Vielfalt an unfairen Verhaltensweisen uns in Gesprächen begegnen kann und wie man das Ganze geschickt kontert. Die Methoden sind einfach, stellen kein esoterisches Geheimwissen dar und erfordern keine fundamentale theoretische Ausbildung. Sie sind robust und haben sich in der Praxis bewährt.

In diesem Teil des Buches lernen Sie mit Hilfe zahlreicher Dialogsituationen, wie Manipulationen funktionieren, weil das der beste Weg ist, sich in Zukunft schon *während* eines Gesprächs dagegen zu schützen und den Dialog auf einer fairen Grundlage zu halten. Wenn Sie verschiedene Manipulationstaktiken sicher identifizieren, dann können Sie auch die jeweils effektive Methode zur Abwehr einsetzen. In diesem Sinne: Viel Spaß beim Lesen und Entdecken!

Im Sog der Emotionen

Gefühle können unser Vernunftdenken leicht außer Kraft setzen. Deshalb sind sie mächtige Verbündete eines geschickten Manipulators: Indem er Emotionen bei seinem Gesprächspartner hervorruft, etwa wenn er die Folgen einer Entscheidung als bedrohliches Szenario schildert oder an dessen Mitleid appelliert, kann er seinen Standpunkt leichter durchsetzen oder andere von dem ihrem abbringen.

Diese emotionalen Appelle können ihre Wirkung umso besser entfalten, je gefühlsbetonter der Gesprächspartner auf die Manipulation reagiert – das Ganze schaukelt sich hoch und schon entkommt man ihm nicht mehr, dem Sog der Emotionen.

Dialog 1: So geht's nicht weiter

Martina Kessler und Uli Strobel teilen sich in der Agentur Big!-Bang Communications ein Büro, kommen aber nicht gut miteinander aus. Nun möchte Frau Kessler, dass ihr Vorgesetzter die Sache klärt.

Kessler (erregt): Und dann mischt sich die Strobel noch in alles ein. Außerdem reißt sie ständig das Fenster auf. Ich hol mir noch den Tod! Sie müssen da endlich was unternehmen!

Braunstein: Aber Frau Kessler, jetzt beruhigen Sie sich –

Kessler: Sie wissen ja gar nicht, was da jeden Tag ab läuft!

Braunstein: Es ist ja sicher nicht einfach für Sie. Aber ich kenne sie jetzt schon – wie lange?

Kessler: Im Herbst werden es fünf Jahre.

❶ **Braunstein:** Und immer habe ich Sie als Menschen erlebt, der mit der nötigen Distanz an die Dinge rangeht. Das schätze ich auch so an Ihnen. Wir wissen ja, dass das bei Frau Strobel ein bisschen anders aussieht.

❷ **Kessler:** Hmm, das stimmt schon –

❸ **Braunstein:** Und denken Sie an die Situation von der Strobel: Allein, mit den beiden Kindern. Erst seit einem Jahr wieder im Beruf. Alles nicht ganz einfach. ❹ Wir beide hingegen leben in gefestigten Verhältnissen, haben Partner – da ist der emotionale Haushalt in Balance. Außerdem – ❺ Sie wissen ja, unsere Zahlen könnten besser sein. Jetzt müssen wir zusammenhalten. Eine Allianz der Vernunft!

Welche Strategien wendet von Braunstein an? Achten Sie besonders auf die Stellen mit den Ziffern davor.

Lösung: So bewertet der Experte

Herr von Braunstein wendet emotionale Appelle an, um Frau Kessler von ihrem Konfliktthema abzubringen. Sie macht es ihm leicht, da sie sich von ihren Emotionen mitreißen lässt.

❶ *Und immer habe ich Sie als Menschen erlebt, der mit der nötigen Distanz an die Dinge rangeht …*

Herr von Braunstein startet mit einem Appell an die Vernunft. Er nutzt die Aufgeregtheit von Frau Kessler und setzt einen wirkungsvollen Kontrapunkt: Was als freundliche Beruhigung daherkommt, wirkt als klare Entmachtung ihrer Argumente.

❷ *Hmm, das stimmt schon –*

Nach dem Kompliment lenkt Frau Kessler etwas ein und noch vor ihrem »aber«, setzt Braunstein sofort nach.

❸ *Und denken Sie an die Situation von der Strobel …*

Braunstein versucht es mit einem Appell an das Mitleid. Eine Methode, die bei sozial eingestellten Menschen gut anschlägt.

❹ *Wir beide hingegen …*

Braunstein erinnert Frau Kessler an die Überlegenheit ihrer Situation; gleichzeitig solidarisiert er sich mit ihr.

❺ *Sie wissen ja, unsere Zahlen könnten besser sein …*

Braunstein baut den Appell ans Solidaritätsgefühl aus. Am Ende wird sich Frau Kessler geschlagen geben.

Dialog 2: Der Betriebsrat – Teil 1

Hans Körner ist politisch sehr engagiert und möchte bei Big!-Bang Communications einen Betriebsrat ins Leben rufen. Er hat deshalb eine Versammlung in der Kantine organisiert. Allerdings sind zu seiner großen Rede nur 5 der 60 Mitarbeiter erschienen, darunter Frau Kessler.

Körner: Ja, also liebe Kollegen, schade, dass es nicht mehr wurden. Aber IHR seid ja nun da, also will ich gleich auf den Punkt kommen. ❶ Denn wir sitzen alle in einem Boot. WIR sind es, die dieses Unternehmen tragen, wir, jeder Einzelne von uns ist für den Erfolg der letzten Jahre verantwortlich.

❷ Aber hat deshalb unsere Arbeitsbelastung nachgelassen? Nein! Der Druck ist sogar stärker geworden. Dabei sind WIR der Betrieb, das muss hier einfach mal in aller Klarheit gesagt werden. ❸ Aber wenn es mal hart auf hart kommt – meint ihr, die da oben kümmern sich wirklich um uns? Echt nicht! Und die Wirtschaftssituation wird ja nicht besser. Ein paar von euch sind jetzt auch schon an die 40. ❹ Glaubt ihr, ihr habt da auf dem Arbeitsmarkt noch eine Chance? Vor allem in unserer Branche!

Kollege: Worauf willst du eigentlich raus?

Netter Versuch. Welche Mittel verwendet Hans Körner, um seine Kollegen zu überzeugen?

Lösung: So bewertet der Experte

Auch wenn seine Strategie bei den Kollegen nicht ganz zu wirken scheint: Hans Körner bedient sich genau der Mittel, die Politiker anwenden, um die Gefühle ihrer Zuhörer zu erreichen und sie so für sich zu gewinnen.

❶ *Denn wir sitzen alle in einem Boot ...*

Körner startet mit einem deutlichen Appell an das Wir-Gefühl. Auf diese Weise will er gleich alle auf die eigene Seite ziehen und ein Band der Solidarität zwischen sich und den Zuhörern knüpfen.

❷ *Aber hat deshalb unsere Arbeitsbelastung nachgelassen?*

Körner fährt mit einem moralischen Appell an die Fairness fort, nach dem Motto »Wir haben es verdient, dass ...« Fast alle Menschen glauben, dass sie mehr verdient haben als das Leben tatsächlich für sie bereithält. Insofern baut Körner auf eine weit verbreitete Meinung und ein populäres Gefühl. Zugleich soll der Appell an die Fairness als moralische Rechtfertigung für seine Position fungieren

❸ *Aber wenn es mal hart auf hart kommt – meint ihr, die da oben ...*

Er verstärkt das Ganze, indem er eine Front zu »denen da oben« aufbaut. Seine Meinung soll »unsere« Meinung »da unten« sein.

❹ *Glaubt ihr, ihr habt da auf dem Arbeitsmarkt noch eine Chance?*

Schließlich spitzt er seine kleine Rede zu, indem er einen Appell an die Furcht hinzusetzt.

Dialog 3: Der neue Auftrag

Big!Bang hat einen neuen Auftrag vom Privatsender Telespot. Firmenleiterin Carla Conrad will klären, wer ihn übernimmt: die Abteilung »PR-Arbeit«, vertreten durch Axel von Braunstein und Tim Fiedler, oder die neue Abteilung »Corporate Identity« (kurz »CI«) von Sven Hesselbach.

Braunstein: Es ist doch eigentlich auf den ersten Blick klar: Das ist ein klassischer PR-Auftrag. ❶ Projekte dieser Art haben wir schon immer gemacht.

Conrad: Das mag schon sein. Aber gilt das auch für dieses Mal? ❷ Dafür braucht es schon ein bisschen mehr als nur Argumente nach dem Motto »das haben wir schon immer so gemacht«. Herr Hesselbach, was sagen Sie denn dazu?

❸ **Hesselbach**: Es ist nur fair, wenn wir auch mal einen Auftrag bekommen.

Conrad: Fragen der Fairness stehen leider nicht zur Debatte. Der Auftrag gehört dorthin, wo er am besten betreut wird. Hm – nach dem, was ich hier in den Unterlagen sehe, geht das ja über eine reine PR-Kampagne raus, oder? Soll da nicht auch noch die Unternehmenskultur erfasst und verbessert werden?

❹ **Braunstein:** Genau. Ist die Frage, ob wir da ein Risiko eingehen können.

Fiedler: Stimmt. An dem Auftrag hängt einiges. Das muss gut überlegt sein.

Hesselbach: Meinen Sie, wir kriegen das nicht hin, oder was?

Conrad: Gleich, Herr Hesselbach. Herr Fiedler, wie sehen Sie das?

Fiedler: Mit uns als bewährtem Team geht die Firma sicher KEIN Risiko ein.

Hesselbach: Ähm – also ...

❺ **Conrad:** Also, welche Kriterien sind für die Entscheidung wichtig? Doch wohl der Projektinhalt. Und da der Kunde auch eine klare Unternehmensphilosophie will, ist das eindeutig was für unsere CI-Abteilung. Deshalb möchte ich das Projekt bei Herrn Hesselbach ansiedeln.

Fiedler: Na denn Prost!

Conrad: Ich erwarte selbstverständlich, dass Sie sich gegenseitig unterstützen!

Zwei Streithähne versuchen zu punkten. Wie wehrt Carla Conrad die verschiedenen Manipulationsversuche ab?

Lösung: So bewertet der Experte

Carla Conrad macht es ihren Gesprächspartnern, die mehrere Versuche unternehmen, sie zu manipulieren, nicht leicht.

❶ *Projekte dieser Art haben wir schon immer gemacht.*

Braunstein baut gleich zu Anfang ein Traditionsargument auf. Die Begründung »das war schon immer so« entwickelt eine starke emotionale Trägheit, die schwer zu überwinden ist.

❷ *Dafür braucht es schon ein bisschen mehr als nur Argumente nach dem Motto ...*

Carla kontert die Taktik, indem sie sie beim Namen nennt – eine wirkungsvolle Möglichkeit, Manipulationen abzuwehren. Außerdem lenkt sie gleich geschickt ab, indem sie Herrn Hesselbach mit einbezieht. In der Folge kommt es zu einem kleinen Taktik-Ping-Pong zwischen Hesselbach, Braunstein und Fiedler.

❸ *Es ist nur fair, wenn ...*

Hesselbach benutzt einen emotionalen Appell an die Fairness.

❹ *Ist die Frage, ob wir da ein Risiko eingehen können.*

Braunstein und Fiedler retournieren mit einem Appell an die Angst: Prompt entsteht dadurch im folgenden Schlagabtausch eine Mini-Eskalation.

❺ *Also, welche Kriterien sind für die Entscheidung wichtig?*

Eine weitere gute Technik zur Manipulationsabwehr: Man ignoriert die Manipulation einfach, macht auf der sachlichen Ebene weiter und fordert Argumente ein.

Dialog 4: Ein neuer Versuch

Frau Kessler hat inzwischen gemerkt, dass ihr das Gespräch mit Braunstein keineswegs weitergeholfen hat. Sie fängt ihn auf dem Gang ab.

Kessler: Herr Braunstein, hätten Sie noch mal einen Moment Zeit für mich?

Braunstein: Natürlich, Frau Kessler. Und, so weit alles klar?

❶ **Kessler:** Nicht ganz. Ich hatte nach unserem Gespräch vorhin nicht wirklich das Gefühl, dass mein Anliegen richtig rübergekommen ist.

Braunstein (*seufzt*): Immer noch das alte Thema?

Kessler: Ich komme gerade aus einem eiskalten Büro – das Fenster ist sperrangelweit auf! Und dann hat sie mir vorhin mitten im Telefonat mit einem Kunden einfach den Hörer aus der Hand gerissen und –

Braunstein: Ich kann mir vorstellen, wie Sie sich fühlen. Aber bei Ihrer Erfahrung werden Sie doch leicht fertig mit so was.

Kessler: Wenn das so wäre, käme ich nicht zu Ihnen. Bitte sprechen Sie mit Frau Strobel.

❷ **Braunstein:** Leute wie Sie und ich, Frau Kessler, wissen doch, dass es gut ist, die direkte Konfrontation möglichst zu vermeiden. Wir alten Hasen lassen uns doch nicht von schwierigen Mitmenschen ins Bockshorn jagen, oder?

❸ **Kessler:** Darum geht es hier nicht. Mir ist die tägliche Arbeit nicht mehr möglich, deshalb brauche ich Ihre Hilfe.

Braunstein: Ja, klar, verstehe ich doch. Nur ist sicher jetzt nicht der richtige Moment. Sie wissen, die Tochter von Frau Strobel hatte diesen Fahrradunfall –

Kessler: Auch das möchte ich jetzt mal ausklammern. Wir haben alle unsere privaten Sorgen und Probleme. Es geht aber nicht, dass die Kollegen darunter leiden. Ich möchte Sie nochmals dringend bitten, sich der Sache anzunehmen. ❹ Diese Reibereien beschäftigen mich derart, dass ich – das sage ich ganz ehrlich – bei weitem nicht mehr so viel schaffe, wie ich normalerweise leisten kann.

Braunstein: Wenn das so ist, dann müssen wir uns tatsächlich darum kümmern.

Frau Kessler hat sich vorgenommen, sich nicht noch einmal so leicht beeinflussen zu lassen. Wie geht sie vor?

Lösung: So bewertet der Experte

❶ *Ich hatte nach unserem Gespräch vorhin nicht wirklich das Gefühl …*

Gleich zu Beginn kommt sie auf den Punkt und knüpft dabei an das vorangegangene Gespräch an. Und danach beschreibt sie präzise ihr Anliegen.

❷ *Leute wie Sie und ich, Frau Kessler, wissen doch …*

Braunstein versucht erneut Frau Kessler von ihrem Thema abzubringen, indem er emotionale Appelle startet.

❸ *Darum geht es hier nicht …*

Dieses Mal lässt sich Frau Kessler jedoch nicht abwimmeln, sie kontert mit einer Methode, die man »Schallplatte mit Sprung« nennt. Sie besteht darin, bestimmte Dinge einfach immer wieder zu wiederholen. Immer dann, wenn jemand versucht, abzulenken oder Nebenkriegsschauplätze zu eröffnen, kann sie eingesetzt werden.

❹ *Diese Reibereien beschäftigen mich derart, dass ich …*

Am Ende weist sie noch einmal klar auf die Notwendigkeit ihres Anliegens hin: Ihre Arbeit leidet unter dem ungelösten Problem. Ein geschickter Appell, der hier legitim erscheint.

Praxistipps

Beim Umgang mit emotionalen Appellen kann man einiges darüber lernen, wie man sich prinzipiell gegen Manipulationen schützen kann (s. auch die Abschnitte »Sechs Maximen für den Umgang mit Manipulation« (am Buchanfang) und »Emotionale Appelle« (im Kapitel »Argumentationsfallen und Scheinargumente«):

- Bleiben Sie selbst sachlich und fair

  Lassen Sie sich nicht anstecken von der Taktik, die der Manipulator einsetzt. Denn das ist genau sein Ziel, ganz besonders, wenn die Argumentation emotional wird. Oft möchte man am liebsten sofort zurückschlagen, um es dem »Bösewicht« heimzuzahlen. Aber exakt das sollten Sie vermeiden. Bleiben Sie vielmehr auf einer klaren argumentativen Linie, bringen Sie weiterhin sachliche Begründungen und fordern Sie solche auch ein. Stellen Sie Fragen und hören Sie zu.

- Bleiben Sie ruhig und gelassen
  Eine Möglichkeit, Ruhe und Gelassenheit zu bewahren ist, sich ganz stoisch auf die Methoden zu konzentrieren, die wir Ihnen hier vorstellen. Ihre Einstellung folgt sozusagen der Methode. Ruhe und Gelassenheit stellen sich dann wie von selbst ein.
- Bauen Sie eine goldene Brücke
  Stellen Sie sich vor, Ihr Gesprächspartner hat ganz klar versucht, Sie zu manipulieren und sich unfair verhalten. Sie haben das natürlich registriert. Was ist zu tun? Sie könnten einfach die Tür zuschlagen und das Gespräch abbrechen. Doch Sie machen etwas ganz anderes: Sie gehen auf den Manipulator zu und laden ihn ein, auf sachlicher Ebene einen neuen Gesprächsversuch zu starten. Zeigen Sie sich gnadenlos kooperativ, damit bringen Sie ihn gleichzeitig in Zugzwang. Denn nun liegt es an ihm, auch einen Schritt auf Sie zuzugehen.
- Schutz vor emotionalen Appellen
  Machen Sie sich klar, dass der emotionale Appell dazu dient, Sie zu etwas zu bewegen. Die unfaire Manipulation zeigt sich darin, dass nichts begründet, sondern nur appelliert wird. Haben Sie das erkannt, dann gibt es folgende weitere Schutzmöglichkeiten:
  - Sie können durch kritisches Fragen den Gesprächspartner dazu auffordern, sachliche Gründe anzuführen.
  - Sie können die Taktik auch ignorieren und weitermachen.
  - Sie können die Taktik beim Namen nennen, sollten aber das angesprochene Gefühl ernst nehmen.

Falsche Fährten

»Moment mal! Hatten wir nicht über etwas ganz anderes geredet?« Eine beliebte Taktik des Manipulators ist es, uns in die Irre zu führen, falsche Fährten zu setzen, um uns so in die Falle zu locken. Manchmal lenkt er unsere Aufmerksamkeit auf ein Terrain, das mit unserem eigentlichen Gesprächsthema gar nichts zu tun hat, manchmal nennt er für seine Behauptungen Gründe, die einfach keine Gründe sind. Lässt man sich darauf ein, wird es schwierig, den eigenen Standpunkt zu verteidigen.

Dialog 1: Kundengespräch – Teil 1

Tim Fiedler und seine Assistentin Monika Glück besuchen ein kleines pharmazeutisches Unternehmen, das auf Vitaminpräparate und Gesundheitsprodukte für ältere Menschen spezialisiert ist. Fiedler und Glück sind im Gespräch mit Herrn Gottwald, einem der Geschäftsführer. Sie wollen ihn von einer PR-Kampagne in den Printmedien überzeugen.

❶ **Gottwald:** Also mir ist immer noch nicht ganz klar, welchen Nutzen so eine Kampagne für mich haben sollte.

Fiedler: Wir haben damit eindeutig einen besseren Impact.

Die Assistentin räuspert sich.

Gottwald: Verstehe ich nicht ganz.

Fiedler: Na ja, durch den höheren Impact entsteht ein eindeutiger Nutzen.

Gottwald: Das hilft mir jetzt immer noch nicht weiter.

Fiedler: Wie meinen Sie das?

Gottwald: Für mich hört sich das an, als sei es eigentlich immer das Gleiche: größerer Nutzen durch höheren Impact. Ich wüsste gerne, wodurch wir diesen höheren Nutzen oder Impact bekommen sollen.

❷ **Fiedler:** Unsere Konzepte sind ganz klar auf die Bedürfnisse des Kunden maßgeschneidert. Wir vertreten ja die Interessen unserer Kunden. Deshalb bieten wir nur die Möglichkeiten an, die für Sie wirklich ideal sind.

Schweigen.

Konnte der Kunde den großen Manipulator Fiedler hier verunsichern?

Lösung: So bewertet der Experte

In diesem Kundengespräch schwimmt Herr Fiedler ganz offensichtlich. Er hat Schwierigkeiten, seine Position ordentlich zu begründen. In seiner Not greift er auf Begründungen zurück, die bei näherem Hinsehen keine sind.

❶ *Also mir ist immer noch nicht ganz klar, welchen Nutzen so eine Kampagne für mich haben sollte ...*

Herr Gottwald möchte konkret wissen, was ihm die Kampagne bringen soll. Die Frage ist ziemlich präzise. Fiedlers Antwort aber ist nichts sagend und leer: »Wir haben damit eindeutig einen besseren Impact.« Diese Begründung ist zirkulär, sie dreht sich also im Kreis. Er begründet den Nutzen der Kampagne mit dem angeblichen Impact – und den wiederum mit seinem Nutzen. Fiedler tarnt dieses Zirkelargument recht dürftig, indem er zu einem Anglizismus greift. Kein Wunder also, dass der Kunde dies direkt anspricht: »Für mich hört sich das irgendwie so an, als sei es eigentlich immer das Gleiche.«

❷ *Unsere Konzepte sind ganz klar auf die Bedürfnisse des Kunden maßgeschneidert ...*

Als Gottwald konsequent nachfragt, gerät Fiedler unter Druck: Er präsentiert eine Argumentation, die in keinem Zusammenhang zu der These steht, die er eigentlich begründen sollte. Seine Argumentation ist also irrelevant. Der Manipulator Fiedler hofft durch einen Wust an plausibel klingenden Worten irgendwie durchzukommen.

Dialog 2: Die Sekretärin

Braunstein spricht mit seiner zweiten Sekretärin Uli Strobel über den Konflikt mit Frau Kessler.

❶ **Braunstein:** Frau Strobel, Sie haben sicher einige Ideen für eine Lösung des Problems. Die wüsste ich natürlich gerne. Also im Fall des Fensters, da wäre zum Beispiel eine Möglichkeit, dass Sie es nur öffnen, wenn Ihre Kollegin nicht da ist. Aber sagen Sie doch einfach ganz frei, was Sie meinen.

❷ **Strobel:** Also offen gestanden, wenn ich an die hohe Eingruppierung von der Kessler denke! Wenn Sie sehen könnten, wie die an die Arbeit geht – ich muss alles selbst machen, sonst bleibt es liegen. Super, dass Sie jetzt eingreifen.

Braunstein: Moment. Erst mal ist das Problem »Fenster« dran. Wäre es denn eine Möglichkeit, dass Sie nur lüften, wenn Frau Kessler nicht im Raum ist?

Strobel: Hm, müsste eigentlich möglich sein – so oft wie die draußen ihre Schwätzchen hält. Und die Mittagspause – also es gibt einfach Leute, bei denen dauert alles etwas länger.

Braunstein: Frau Strobel, da kommt ein bisschen viel auf einmal. Ich kann mir jetzt schon vorstellen, dass auf so einer Basis die Zusammenarbeit zwischen Ihnen beiden, gelinde gesagt, nicht ganz einfach ist. Und Sie sind eine so wichtige Kraft für mich. Es wäre doch schade, wenn wir im Haus was anderes für Sie suchen müssten.

Strobel: Ja – äh. Nein, äh – selbstverständlich!

Können Sie erkennen, welche Taktiken Braunstein und Strobel anwenden?

Lösung: So bewertet der Experte
Im Gespräch zwischen Herrn Braunstein und Frau Strobel erleben wir ein paar typische Taktiken, durch die falsche Fährten gelegt werden.

❶ *Sie haben doch sicher einige Ideen für eine Lösung des Problems. Die wüsste ich natürlich gerne. Also im Fall des Fensters …*
Herr Braunstein lädt Frau Strobel einerseits zwar ein, ihre Vorschläge frei zu äußern, andererseits unterbreitet er aber sofort einen konkreten Lösungsvorschlag. Natürlich beeinflusst Herr Braunstein seine Mitarbeiterin damit unwillkürlich. Er setzt einen Informationsanker – man spricht hier von »Ankereffekt«: Denn nun hilft auch seine Ermunterung nichts mehr, sich nicht von ihm beeinflussen zu lassen – ähnlich etwa wie die Aufforderung »Bitte denken Sie jetzt nicht an einen grünen Elefanten.«

❷ *Also offen gestanden, wenn ich an die hohe Eingruppierung von der Kessler denke …*
Frau Strobel reagiert überhaupt nicht auf die Frage von Herrn Braunstein. Sie versucht, dem angesprochenen Thema auszukommen und reagiert mit einem Ablenkungsmanöver. Sie bringt Themen auf den Tisch, die zunächst gar nicht zur Debatte standen. Typisch für Situationen, in denen man unter Druck gerät: Frau Strobel reagiert damit, Nebenkriegsschauplätze zu eröffnen.

Dialog 3: Der Betriebsrat – Teil 2

Auch wenn Körners Auftritt in der Kantine kein Erfolg war – die Idee, einen Betriebsrat zu gründen, hat er nicht aufgegeben. Als er in einer Pause mit zwei Kollegen zusammen sitzt, versucht er es erneut.

Körner: Ich glaube, auf der letzten Sitzung konnte ich meine Punkte nicht so richtig klar machen.

Kollege 1: Ja, irgendwie haben wir alle nicht so ganz verstanden, warum wir unbedingt einen Betriebsrat brauchen.

➊ **Körner:** Aber das ist doch ganz klar. Weil wir dem Mitbestimmungsrecht Geltung verschaffen müssen.

Kollege 1: Ja, aber wozu?

Körner: Das ist ja wohl klar. Um diesem uns zustehenden Mitbestimmungsrecht Geltung zu verschaffen, brauchen wir einen Betriebsrat. Der Betriebsrat fungiert als Sprachrohr, wenn die Mitarbeiter ihre Stimme erheben wollen.

Kollege 2: Das können wir doch jetzt schon. Wenn mir was nicht passt, dann sag ich's.

Körner: Ja, aber du sagst es einfach so, unorganisiert. Der Betriebsrat ermöglicht uns die organisierte Bedürfnisbekundung. ➋ In unserem Staat gibt es viele Institutionen, die uns zu Recht beim Leben in unserer Gesellschaft unterstützen. Deshalb ist es keine Frage, dass wir die Institution des Betriebsrats fordern sollten.

Mit welchen Taktiken versucht Körner die Kollegen auf seine Seite zu ziehen?

Lösung: So bewertet der Experte

Auch Hans Körner greift in seiner Erklärungsnot auf zirkuläre Argumentation und Irrelevanztaktik zurück.

❶ *Aber das ist doch ganz klar. Weil wir dem Mitbestimmungsrecht Geltung verschaffen müssen.*

Körners Argumentation sieht von Anfang an ziemlich zirkulär aus. Auf den Kern gebracht, läuft sie so: Wir brauchen einen Betriebsrat, »weil wir dem Mitbestimmungsrecht Geltung verschaffen müssen«. Und »um diesem uns zustehenden Mitbestimmungsrecht Geltung zu verschaffen, brauchen wir einen Betriebsrat.« Auch wenn »Mitbestimmungsrecht« als Begriff schon wie ein Argument klingt – genau betrachtet sagt Körner nur eines: Wir brauchen einen Betriebsrat, weil wir einen Betriebsrat brauchen.

❷ *In unserem Staat gibt es viele Institutionen, die uns zu Recht beim Leben in unserer Gesellschaft unterstützen …*

Körner liefert uns hier noch ein schönes Argument, das absolut irrelevant ist. Es lautet: Die Institution des Betriebsrats sollte gefördert werden. Warum? Weil es in unserem Staat viele Institutionen gibt, die uns zu Recht beim Leben in unserer Gesellschaft unterstützen. Der Begründungszusammenhang zwischen den beiden Aussagen ist völlig unklar.

Dialog 4: Kundengespräch – Teil 2

Tim Fiedler und Monika Glück haben ihrem Kunden, Herrn Gottwald, gerade die Idee für ihre PR-Kampagne unterbreitet.

Gottwald: Mich interessiert, was der ganze Spaß kostet.

❶ **Fiedler:** Also, wir haben das genau durchkalkuliert: Wir müssen mit 300.000 Euro rechnen. Das ist zugegeben nicht wenig, aber gut investiert.

Gottwald: Wie kommt denn diese Zahl zustande? Erklären Sie mir doch ein paar Details.

Fiedler: Wie Sie ganz richtig sagen: Das sind Detailfragen.

Glück: Wir können Ihnen bis heute Nachmittag eine genaue Aufstellung zukommen lassen.

Fiedler: Wollte ich gerade sagen. Danke, Frau Glück.

❷ **Gottwald:** Also ich möchte nicht mehr als 200.000 Euro ausgeben. Nehmen Sie das als feste Rahmenbedingung.

Fiedler: Vielleicht sollten wir uns jetzt noch gar nicht so sehr auf Zahlen festlegen. Wichtig ist doch, dass Sie ein optimales Konzept erhalten. Wir hatten gerade den Fall –

❸ **Gottwald:** Mich interessiert in erster Linie mal unser Konzept. Was haben Sie sich denn dazu schon überlegt?

Fiedler: Ja, also wir wollen im Wesentlichen die Kernkompetenz-Aussage Ihres Unternehmens rüberbringen.

Gottwald: Was halten Sie denn für unsere Kernaussage?

Fiedler: Also, da – ähh –

Glück: »Mit uns fit im Alter« könnten wir uns vorstellen.

Auch diesmal lässt der Kunde sich von Fiedler nicht beeindrucken. Wie verhält er sich?

Lösung: So bewertet der Experte

Tim Fiedler will den Kunden unbedingt überzeugen und greift dafür zu mehreren Manipulationsversuchen, die Herr Gottwald geschickt aushebelt.

❶ *Also, wir haben das genau durchkalkuliert: Wir müssen mit 300.000 Euro rechnen. Das ist zugegeben nicht wenig ...*
Herr Fiedler versucht hier, die Ankerfalle aufzuspannen. Gleich zu Anfang nennt er eine konkrete Zahl, um die Preisvorstellungen in eine für ihn günstige Richtung zu lenken. Gottwald jedoch fällt darauf nicht herein: »Wie kommt denn diese Zahl zustande?«, fragt er konkret nach. Auf Fiedlers Ausweichmanöver hin bleibt der Kunde hartnäckig.

❷ *Also ich möchte nicht mehr als 200.000 Euro ausgeben. Nehmen Sie das als feste Rahmenbedingung.*
Der Kunde wendet eine interessante Methode an, um sich vor der noch immer aufgespannten Ankerfalle zu schützen. Er setzt ganz bewusst einen Gegenanker. Das Setzen eines Gegenankers zwingt beide Parteien dazu, ihre Standpunkte noch einmal klar zu begründen.

❸ *Mich interessiert in erster Linie mal unser Konzept.*
Herr Gottwald bleibt konsequent. Er möchte sein Anliegen und seine Situation diskutieren. Durch eine Frage holt er Fiedler, der schon wieder drauf und dran war, auszuweichen, zum eigentlichen Thema zurück.

Praxistipps

- Zirkelschluss abwehren
  Machen Sie auf den Fehler aufmerksam. Wiederholen Sie explizit Behauptung und Begründung des Manipulators, damit deutlich wird, dass es sich um eine Scheinargumentation handelt.
- Ablenkungsmanöver abwehren
  Auch bei Ablenkungsmanövern gilt: Registrieren Sie die verschiedenen Themen, konzentrieren Sie sich dann aber darauf, sich vom eigentlichen Thema nicht abbringen zu lassen. Bei hartnäckigen Fällen kann die »Schallplatte mit Sprung« gute Dienste leisten (s. gleichnamigen Abschnitt in Kapitel »Elegante Abwehrtechniken«).
- Ankereffekte aushebeln
  Informationsanker gehören zu einer Diskussion mit verschiedenen Meinungen. So schützen Sie sich jedoch vor einer Manipulation mit Ankereffekten:
  - Seien Sie sich der Möglichkeit einer Ankerfalle immer bewusst, vor allem bei Eröffnungsangeboten.
  - Eine genaue Analyse im Vorfeld schützt Sie vor manipulativ gesetzten Ankern.
  - Hinterfragen Sie mögliche Anker in Meetings sofort und konsequent!
  - Setzen Sie gegebenenfalls einen Gegenanker.

Wenn der Schein trügt

Im Täuschen sind Manipulatoren Weltmeister. Auch bei präzisen Zahlen und Fakten ist deshalb Vorsicht geboten. Ein geschickter Manipulator spiegelt uns nämlich gerne »Tatsachen« vor, die nicht der Wirklichkeit entsprechen: Er liefert scheinbar autorisierte Beweise, unterstellt Behauptungen, die so nie vertreten wurden. Oder er markiert bestimmte Standpunkte bereits im Vorfeld als sakrosankt beziehungsweise als nicht vertretbar – die Palette der Möglichkeiten ist vielfältig.

Doch wie begegnet man diesen Täuschungsversuchen am besten?

Dialog 1: Das Kritikgespräch

Peter Sauertopf, einer der beiden Firmenchefs, ist unzufrieden. Die Abteilung Corporate Identity hat zu wenig konkrete Ergebnisse vorzuweisen. Deshalb stellt er den Abteilungsleiter Sven Hesselbach zur Rede, der sich bereits selbst Gedanken gemacht hat.

Sauertopf: ... also da erwarten wir uns schon ein bisschen mehr von Ihnen.

Hesselbach: Das ist mir klar. Und ich arbeite auch daran, dass es in Zukunft besser läuft. Allerdings würde es mir sehr helfen, wenn ich auch ein bisschen stärker mit einbezogen würde in wichtige Entscheidungen der Geschäftsleitung.

❶ **Sauertopf:** Moment, Moment – sagen Sie, haben Sie eigentlich eine Vorstellung davon, wohin wir kämen, wenn ich Sie bei jeder anstehenden Entscheidung erst fragen müsste, was zu tun ist?

Hesselbach: Ääääh –

❷ **Sauertopf:** Wenn Ihnen das Unternehmen wirklich wichtig ist, dann konzentrieren Sie sich auf Ihre Kernaufgaben! Und die Budgetplanung – also die gehört da nun wirklich nicht dazu!

Sauertopf weist Hesselbach in seine Schranken. Aber hört sich das fair an?

Lösung: So bewertet der Experte

Herr Sauertopf setzt in diesem Gespräch zwei typische Taktiken ein, Scheinargumente zu platzieren – so wie sie auch in Alltagsgesprächen immer wieder vorkommen.

❶ *… haben Sie eigentlich eine Vorstellung davon, wohin wir kämen, wenn ich Sie bei jeder anstehenden Entscheidung erst fragen müsste, was zu tun ist?*

Sauertopf unterstellt Hesselbach, er habe verlangt, ihn »bei jeder anstehenden Entscheidung erst zu fragen« – dabei hatte dieser wörtlich angeregt, ihn »ein bisschen stärker« mit einzubeziehen bei wichtigen Entscheidungen. So funktioniert die so genannte »Strohmanntaktik«: Die Ausgangsthese des Gesprächspartners wird stark vergröbert. In diesem Fall wird aus dem Wunsch nach stärkerer Beteiligung die These, dass Hesselbach bei jeder Entscheidung mitsprechen möchte. Und diese Forderung kann Sauertopf dann prima angreifen.

❷ *Wenn Ihnen das Unternehmen wirklich wichtig ist, dann konzentrieren Sie sich auf Ihre Kernaufgaben!*

Mit dieser Bemerkung versucht Sauertopf seinem Kollegen jeglichen Wind aus den Segeln zu nehmen. Sollte Hesselbach jetzt widersprechen, dann scheint ihm das Unternehmen nicht wichtig zu sein. Mittels dieser Taktik erklärt Sauertopf einfach einen weiten Bereich für »vergiftet«: Wer sich hier noch mit einer anderen Meinung – egal wie gemäßigt – hineinwagt, der outet sich als nicht kooperationsbereit. Man nennt diese Methode »Brunnenvergiftung«.

Dialog 2: Die Streithähne

Immer noch herrscht dicke Luft im Büro der Assistentinnen. Um die Situation zu verbessern, führt von Braunstein mit den beiden ein Gespräch unter sechs Augen.

Braunstein: Also meine Damen, ich erwarte, dass wir heute zu einer Lösung kommen. Es muss Schluss sein mit diesem ständigen Ärger in Ihrem Büro.

Strobel: Aber wirklich. Also an mir soll es nicht liegen.

Kessler: An mir auch nicht. Wenn wir wenigstens das mit dem Fenster klären könnten. Ich vertrage Zugluft nicht –

Strobel: Den ganzen Tag bei geschlossenem Fenster – wie soll man da arbeiten? ❶ Jedes Kind weiß doch, wie wichtig die Sauerstoffzufuhr fürs Gehirn ist. So ist es ja wirklich kein Wunder, Frau Kessler, dass Sie mit Ihren Sachen nicht fertig werden. Also, dass Sie sich in einem solchen Mief wohl fühlen! Ich möchte wirklich nicht wissen, wie es bei Ihnen –

Kessler: Ja? Was möchten Sie sagen?

Strobel: Na ja. (*räuspert sich*) Also jedenfalls quillt Ihr Schreibtisch über. Das landet ja schon alles bei mir drüben.

Kessler: Hm – da liegt es ja dann genau richtig, oder? Sie reißen doch sowieso alles an sich – ob Sie's nun was angeht oder nicht. Das ganze Haus lacht schon darüber, dass ich hier nicht mal telefonieren kann, ohne dass Sie sich einmischen.

❷ **Strobel:** Wenn Sie vielleicht das Gespräch vorhin meinen: Jeder mit einem Funken Verstand wäre da dazwischen gegangen. Was Sie dem Kunden da erzählt haben!

Welche Taktiken wendet Frau Strobel an?

Lösung: So bewertet der Experte

Dieses kleine Streitgespräch birgt ein hohes Eskalationspotenzial. Keine der beiden Parteien trägt im Grunde zu einer Beruhigung und Versachlichung der Situation bei. Abgesehen von einer Reihe von Sticheleien und zum Teil persönlichen Angriffen, finden wir in diesem Dialog zwei Taktiken.

❶ ... *Jedes Kind weiß doch, wie wichtig die Sauerstoffzufuhr fürs Gehirn ist.*

In diesem kleinen Ausschnitt findet sich eine Methode, die sich »Evidenztaktik« nennt. Sie verbirgt sich hinter der Äußerung »das weiß doch jedes Kind«: Etwas soll als derart einleuchtend und offensichtlich hingestellt werden, dass es keiner weiteren Diskussion bedarf. Wer trotzdem auf eine Diskussion drängt, macht sich dadurch nur lächerlich.

❷ *Wenn Sie vielleicht das Gespräch vorhin meinen: Jeder mit einem Funken Verstand wäre da dazwischen gegangen ...*

In diesem Fall benutzt Frau Strobel wieder eine Brunnenvergiftung. Jeder hätte so gehandelt wie sie, und wer etwas anderes behaupten möchte, dem fehlt offenbar jeder Funken Verstand. Plastischer gesagt: Wer jetzt noch vom Brunnen der anderen Meinung trinkt, der fällt tot um.

Dialog 3: Der Betriebsrat – Teil 3

Hans Körner lässt nicht locker. Diesmal hat er sich die Küche ausgesucht, um eine kleine Rede zu seinem Dauerthema »Betriebsrat« zu halten.

❶ **Körner:** Ich mache doch nur klar, worum es uns gehen sollte: 85 Prozent aller mitarbeiterbezogenen Probleme sind lösbar, wenn es einen Betriebsrat gibt.

Kollege (*anerkennend*): Fünf-und-achtzig Prozent. Ganz schön viel!

❷ **Körner:** Ja, es ist überall nachzulesen. Und eine ganze Reihe namhafter Wissenschaftler bestätigt das.

Kollege: Na, die müssen's ja wissen, die Wissenschaftler.

Körner: Natürlich – die haben ja genug Untersuchungen dazu gemacht. Aber wichtig ist vor allem, dass wir einen Großteil unserer Probleme in den Griff kriegen, wenn wir endlich eine ordentliche Mitarbeitervertretung haben. ❸ Das garantiere ich euch.

Dieses Mal bringt Körner seine Argumente überzeugend vor – oder?

Lösung: So bewertet der Experte

Körner benutzt ein Potpourri an Taktiken, um seine Zuhörerschaft zu überzeugen.

❶ *... 85 Prozent aller mitarbeiterbezogenen Probleme sind lösbar, wenn es einen Betriebsrat gibt.*

Es ist erstaunlich, wie Körner zu dieser exakten Zahl kommt. Und genau darin liegt in der Regel die Irreführung. Die Exaktheit wird häufig dazu benutzt, eine angebliche Realität abzubilden, die gar nicht existiert. Je genauer die Zahl, desto weniger wird sie überprüft. Man nennt diese Taktik »Präzisionsfalle«.

❷ *Ja, es ist überall nachzulesen. Und eine ganze Reihe namhafter Wissenschaftler bestätigt das.*

Um seine These zu untermauern, bezieht sich Körner auf eine Reihe ungenannter Wissenschaftler. Keiner kennt ihre Namen oder weiß, woher diese »Bestätigung« stammt. Die Bezugnahme auf vermeintliche Autoritäten ist eine beliebte Taktik in Diskussionen, um der eigenen Position Nachdruck zu verleihen.

❸ *... Das garantiere ich euch.*

Um seine Überzeugungsrede zu einem nachhaltigen Abschluss zu bringen, gibt Körner so etwas wie eine Garantieerklärung für seine Behauptung, dass durch einen Betriebsrat ein Großteil der Probleme in den Griff zu bekommen ist, ab. Er verbürgt sich sozusagen für die Richtigkeit seiner Behauptung. Dabei gibt es nur einen Bürgen, und der ist sehr dubios: Körner selbst.

Dialog 4: Beim Mittagessen

Tim Fiedler und Monika Glück sitzen zusammen beim Mittagessen. Fiedler nutzt die günstige Gelegenheit, bei seiner Kollegin Stimmung gegen Hesselbach zu machen.

❶ **Fiedler:** Keiner, der was vom Geschäft versteht, hält diese CI-Abteilung wirklich für notwendig. Das hätte man leicht bei uns ansiedeln können. Fakt ist, dass uns das viele unnötige Kosten gespart hätte.

Glück: Aber es kann doch auch durchaus was bringen, wenn eines unserer Teams einen ganzheitlicheren Ansatz anbieten kann.

Fiedler: Hmmmm. Aber ob nun ausgerechnet der Hesselbach das hinkriegt – frisch von der Uni, grad mal ein Jahr irgendwo bei einer internationalen Agentur gearbeitet und will gleich der große Zampano sein.

Glück: Aber – sollte man nicht auch den Jüngeren mal eine Chance geben, Verantwortung zu übernehmen?

❷ **Fiedler:** Oh oh! Nicht ganz ungefährlich, wenn wir hier plötzlich in den Führungspositionen nur noch junge Leute herumturnen haben. ❸ Das ist übrigens auch die Meinung vom Chef. Der Sauertopf hat zu mir privat schon ziemlich deutlich gesagt, dass das Ganze wohl mehr so ein Spleen ist von der Conrad.

Können Sie alle Taktiken Fiedlers erkennen?

Lösung: So bewertet der Experte

Tim Fiedler fährt alle möglichen Geschütze auf, um Monika Glück auf seine Seite zu ziehen. Aber seine Gesprächspartnerin lässt sich nicht so leicht ködern und wehrt seine Manipulationsversuche so gut sie kann ab.

❶ *Keiner, der was vom Geschäft versteht, hält diese CI-Abteilung wirklich für notwendig.*

Fiedler startet mit einer Brunnenvergiftung, aber Frau Glück lässt sich davon nicht irritieren. Sie vertritt trotzdem ihre Meinung: »Aber es kann doch auch durchaus was bringen ...« Sie ignoriert das taktische Manöver und bringt dazu mit dem »ganzheitlicheren Ansatz« noch ein frisches Argument.

❷ *Oh oh! Nicht ganz ungefährlich, wenn wir hier plötzlich in den Führungspositionen nur noch junge Leute herumturnen haben.*

Aus Monika Glücks positivem Argument »eine Chance für die Jüngeren« wird bei Fiedler ein beunruhigendes Zukunftsszenario, in dem nur noch junge Leute in den oberen Etagen sitzen: eine klassische Anwendung der Strohmanntaktik. Dieses Weltbild hat Frau Glück so weder beschrieben noch ist es real existent.

❸ *Das ist übrigens auch die Meinung vom Chef. Der Sauertopf hat zu mir privat schon ziemlich deutlich gesagt ...*

Als Monika noch immer nicht richtig auf seine Meinungsmache anspringt, versucht es Fiedler noch mit der Anwendung der Autoritätstaktik (Bezugnahme auf den Chef). Zudem kann man das als versteckte Drohung verstehen.

Dialog 5: Den Überblick behalten

Kreativdirektor Benjamin Oppelt hat mit einem Kunden einen Termin vereinbart, ohne Frau Strobel dazwischenzuschalten.

Strobel: Herr Oppelt, ich hab zufällig Ihr Telefonat vorhin mitgehört – Sie hatten gestern einen Termin bei Sinner?

Oppelt: Ja. Wieso?

Strobel: Es ist ja wohl allgemein bekannt, dass ich von solchen Verabredungen in Kenntnis gesetzt werden muss. Wenn jeder einfach so vor sich hinwurstelt, fehlt jeder Überblick, was im Haus vor sich geht.

Oppelt: Das ist wohl so. Aber ich habe nicht vor mich hingewurstelt, sondern mich mit einem Kunden getroffen.

Strobel: Bitte solche Termine nur über mich. Ich verbringe 80 Prozent meiner Arbeitszeit damit, nachzuvollziehen, was wer warum getan hat. Dabei könnte alles so einfach sein!

❶ **Oppelt:** Falls dieses Gespräch hier zu den 80 Prozent gehört, ist ein Teil dieser Zeit wohl vergeudet. Herr Sinner und ich haben uns auf einer Party getroffen und uns spontan für den nächsten Tag verabredet. So was muss möglich sein.

Strobel: O.k. – aber dann muss es wenigstens nachträglich hier bei mir gemeldet werden. Anruf oder Mail oder wie auch immer. Das will auch die Leitung so.

❷ **Oppelt:** Wenn es wirklich so ist, werde ich mit Herrn Sauertopf und Carla noch mal darüber sprechen.

❸ **Strobel:** Ähm – also sie haben es vielleicht nicht wörtlich so formuliert, aber so was muss im Sekretariat bekannt sein.

Oppelt: Und wieso?

Wie wehrt sich Oppelt gegen die Manipulationsversuche?

Lösung: So bewertet der Experte

Herr Oppelt wehrt hier gleich eine ganze Reihe von Taktiken erfolgreich ab.

❶ *Falls dieses Gespräch hier zu den 80 Prozent gehört …*

Auf Strobels Präzisionsfalle »Ich verbringe 80 Prozent meiner Arbeitszeit damit …« kontert Oppelt mit einer witzigen Bemerkung. Er enttarnt damit die Fadenscheinigkeit der behaupteten Präzision.

❷ *Wenn es wirklich so ist, werde ich mit Herrn Sauertopf und Carla noch mal darüber sprechen.*

Auf Strobels Autoritätstaktik »Das will auch die Leitung so« reagiert Oppelt mit der Idee, bei den »Autoritäten« direkt nachzuprüfen, wie es tatsächlich um die Vereinbarung steht. Das will Frau Strobel natürlich vermeiden.

❸ *Strobel: … aber so was muss im Sekretariat bekannt sein. Oppelt: Und wieso?*

Auf Strobels Evidenztaktik (»Fakt ist …«) reagiert Oppelt mit der einfachsten, aber vielleicht wirkungsvollsten aller Fragen, nämlich: Warum oder wieso?

Praxistipps

Signalisieren Sie Ihrem Gesprächspartner, dass Sie seine Manipulationstaktiken durchschaut haben. Folgende verbale und nonverbale Zeichen helfen Ihnen, Ihrem Gegenüber klar zu machen, dass Sie seinen Versuch wahrgenommen haben:

- Sie machen eine kurze Pause.
- Sie stellen Blickkontakt her.
- Sie äußern: »Sind Sie einverstanden, wenn wir weitermachen?«
- Sie leisten einen betont konstruktiven Beitrag.
- In vielen Fällen ist eine gute Schutzmethode, die jeweilige Taktik einfach zu ignorieren und auf der sachlichen Ebene weiterzumachen. Nicht auf jeden Störversuch durch den Manipulator lohnt es sich, mit schwerem Geschütz zu reagieren. Im Gegenteil: Oft zeugt es von Gelassenheit und Professionalität, wenn man den Manipulationsversuch an sich vorbei ziehen lässt.

Wie die verschiedenen Taktiken aus diesem Kapitel funktionieren und wie Sie sie abwehren können, finden Sie im ersten Teil dieses Bandes im Kapitel »Argumentationsfallen und Scheinargumente« (Abschnitt »Die Präzisionsfalle« bis Abschnitt »Die Garantietaktik« sowie in Abschnitt »Die Strohmanntaktik«).

Beziehungspflege

Wir alle suchen in unserem Alltag nach guten Beziehungen. Wir testen aus, ob wir mit unseren Mitmenschen Gemeinsamkeiten teilen, wer uns sympathisch ist und mit wem wir gut auskommen. Manipulative Menschen nutzen dieses Bedürfnis für ihre Zwecke: Sie versuchen, auf irgendeine Art und Weise ein gemeinsames Band mit demjenigen zu knüpfen, der ihren Interessen dienen könnte. Vom Einschmeicheln bis zum Aufbau einer quasi freundschaftlichen Beziehung ist hier alles möglich. Oder aber der Manipulator nutzt einfach die kleine Prise sozialen Drucks für seine Zwecke.

Im Folgenden lernen Sie zu erkennen, wann Ihr Gesprächspartner beginnt, Ihre Freundlichkeit auszunutzen, und wie Sie in diesen Situationen agieren können.

Dialog 1: Ein Herz und eine Seele

Peter Sauertopf ist als einer der beiden Geschäftsführer ein sehr wichtiger Mann bei Big!Bang. Genau das findet Tim Fiedler so sympathisch an ihm.

Fiedler (*emsig, leicht unterwürfig*): Ah! Hallo, Herr Sauertopf!

Sauertopf (*jovial*): Ach, der Fiedler!

❶ **Fiedler:** Was ich Ihnen schon längst sagen wollte: Ihr Geschäftsbericht hat mir sehr gut gefallen. Klar strukturiert, verständlich und anschaulich. Kein anderer hier hätte das so hinbekommen. Ich bin ja sowieso der Meinung: Zahlen sind das A und O für einen funktionierenden Betrieb.

Sauertopf: Freut mich wirklich, dass Sie das sagen. Ich habe so was Ähnliches in der Hauszeitung geschrieben. Vielleicht haben Sie den Artikel zufällig ...

❷ **Fiedler:** Der war brillant! Sie haben sich da unter anderem auf Professor Deiselhart berufen. Kennen Sie seine Studie zum Thema »Kennzahlen-Mechanik«? Mittlerweile 20 Jahre alt, aber immer noch unübertroffen.

Sauertopf: Ach, der Franz! Ja ja, das war eine gute Zusammenarbeit. Er rief mich manchmal sogar nachts um zwölf an, um die Ergebnisse durchzudiskutieren.

❷ **Fiedler:** SIE waren damals beteiligt? Das hätte ich mir ja denken können. Sagen Sie, gehen Sie noch ins Fitness-Studio?

Sauertopf: Ich schon. Aber Sie habe ich da schon lange nicht mehr gesehen.

Fiedler: Na ja, Sie wissen ja, wie das ist! – Nein, wissen Sie nicht, wenn ich mir Ihren Bizeps anschaue.

Sauertopf: Mäßig aber regelmäßig, ist meine Devise.

Fiedler: Da haben Sie Recht.

Sauertopf: Na, dann – heute Abend vielleicht? Danach könnten wir uns ja noch ein Bierchen genehmigen.

Merken Sie, wie Fiedler mit seinen Sympathiebekundungen ein bestimmtes Ziel verfolgt?

Lösung: So bewertet der Experte

Tim Fiedler versucht ganz bewusst eine gute Beziehung zu Peter Sauertopf aufzubauen.

❶ *Was ich Ihnen schon längst sagen wollte: Ihr Geschäftsbericht hat mir sehr gut gefallen ...*

Fiedler startet gleich mit einem dicken Kompliment. Er weiß genau, dass Anerkennung bei den meisten Menschen gut ankommt. Das Kompliment ist der Einstieg in Fiedlers Einschmeicheltaktik.

❷ *Der war brillant! Sie haben sich da unter anderem auf Professor Deiselhart berufen ... / ... Sagen Sie, gehen Sie immer noch ins Fitness-Studio?*

Fiedlers zweite Taktik besteht darin, auf Gemeinsamkeiten aufmerksam zu machen, die er mit Sauertopf teilt. Sie kennen den gleichen Autor und Wissenschaftler, sie besuchen beide das Fitness-Studio. Gemeinsamkeiten sind eine wichtige Sympathie-Basis. Gleichzeit bestätigt er Sauertopf in seinen Sichtweisen – »Zahlen sind das A und O« und ganz direkt »Da haben Sie Recht.« Das wird bei Sauertopf das Gefühl verstärken: »Der Fiedler, der versteht mich.«

Dialog 2: Der Wunsch

Martina Kessler erhält von ihrem Chef nicht die erhoffte Unterstützung. Also sucht sie nach anderen Helfern.

Kessler: Na, Sven? Alles klar bei dir?

Hesselbach: So weit ja. Und du?

Kessler: Ach, du weißt ja, was bei mir im Büro los ist. Wenn ich nicht immer mal wieder Leuten wie dir begegnen würde, dann wäre ich schon längst –

Hesselbach: So schlimm?

❶ **Kessler:** Ja schon. Ich glaub, man will mich hier rausekeln. (*seufzt*) Weißt du noch, wie schön es früher war? Als wir damals mit Sabine noch zum Volleyball – ach ja ...

Hesselbach: Na sag mal! Da muss man doch was machen!

❷ **Kessler:** Ja, du weißt das. Aber der Braunstein! Da wünscht man sich manchmal, dass der Chef ein anderer Typ wäre. Jemand wie du wäre sicher nicht so passiv.

Hesselbach: Tja, weiß man nicht. Aber vermutlich hast du Recht – ich würde das auf jeden Fall nicht so stehen lassen.

❸ **Kessler:** Wenn mal jemand der Strobel sagen könnte, dass sie da nicht richtig liegt. Aber an die traut sich ja keiner ran.

Hesselbach: Also ich kann eigentlich immer ganz gut mit ihr.

Kessler: Ja, du! Aber da bist du auch wirklich der Einzige. Sie bewundert dich ja auch. Hat sie mir sogar mal gesagt.

Hesselbach: Meinst du, es hilft, wenn ich mal mit ihr rede?

Kessler: Das wäre ja super. Wenn es einer schafft, dann du!

Mit welchen Mitteln bringt Frau Kessler Sven Hesselbach dazu, in ihrem Sinne zu agieren?

Lösung: So bewertet der Experte

In diesem kleinen Dialog versucht Martina Kessler, über die guten persönlichen Beziehungen Sven Hesselbach zu einer Aktion zu bewegen. Dabei geht sie sehr indirekt vor und formuliert nicht mal eine konkrete Bitte. Sie zählt darauf, dass Sven die Botschaft zwischen den Zeilen schon verstehen wird.

❶ *... Weißt du noch, wie schön es früher war? Als wir damals mit Sabine noch zum Volleyball ...*

Kesslers erste Taktik besteht darin, auf gemeinsame Erfahrungen hinzuweisen. Diese Erinnerungen erzeugen bereits ein zartes gegenseitiges Verpflichtungsband.

❷ *Ja, du weißt das. Aber der Braunstein! Da wünscht man sich manchmal, dass der Chef ein anderer Typ wäre ...*

Im nächsten Schritt macht sie Hesselbach das Kompliment, dass er mit Sicherheit auf dem Chefposten aktiver handeln würde. So gebauchpinselt wird Sven ihr natürlich zustimmen.

❸ *Wenn mal jemand der Strobel sagen könnte, dass sie da nicht richtig liegt. Aber an die traut sich ja keiner ran.*

Mit dieser Äußerung kommt der eigentliche Schritt: Hesselbach, der ja bereits bestätigt hat, dass er wahrscheinlich aktiver an die Sache herangehen würde, sieht sich nun aufgefordert, tatsächlich etwas zu unternehmen. Martina Kessler hat ihn so geschickt gelenkt, dass er quasi selbst auf die Idee kommt, ihr zu helfen.

Dialog 3: Der Betriebsrat – Teil 4

Auch Assistentin Uli Strobel ist nicht glücklich mit der Situation in ihrem Büro. Sie hat das Gefühl, dass bei dem ganzen Hickhack keiner mehr ihre großen Leistungen und Fähigkeiten wahrnimmt. Umso mehr genießt sie es, dass wenigstens Hans Körner viel von ihr zu halten scheint.

Körner: Du hast echt eine wahnsinnig schnelle Auffassungsgabe. Weißt du, bei den anderen, da habe ich manchmal das Gefühl – na, wie soll ich sagen – da ist die intellektuelle Spannkraft nicht so ausgeprägt. Aber du ... Also ich bin richtig froh, mal mit jemandem wie dir reden zu können

Strobel: Danke. Tut mir auch gut, dass das mal jemand merkt. Dass mir überhaupt mal wer zuhört! Also die Kessler, die ist ja so was von –

Körner: Aber echt! Du weißt ja, ich bin dafür, dass bei uns ein Betriebsrat kommt.

Strobel: Ja, ich hab schon davon gehört.

❶ **Körner:** Wenn wir den endlich hätten – ich glaube, dann könnte ich was für dich tun. Sogar schon vorher.

Strobel: Was denn?

Körner: Ich kann doch mit dem Fiedler ganz gut. Und der kann wieder mit dem Braunstein und dem Sauertopf ganz gut. – Na, du weißt ja, wie so was läuft. Da muss ich nur an geeigneter Stelle mal das ein oder andere Wort fallen lassen

Strobel: Mmmmh. Und Du meinst wirklich ...?

Körner: Ja klar. Wäre natürlich super, wenn du mir die kleine Unterschrift hier gibst. Gar nicht mehr.

Strobel: Du könntest mich dann wirklich unterstützen? Ich weiß nämlich echt nicht mehr, wie das weitergehen soll.

Körner: Versteh ich total! Aber du brauchst eigentlich nur hier auf der Liste zu unterschreiben.

Strobel: Da steht ja noch gar niemand drauf.

❷ **Körner:** Genau. Du bist die Erste. Aber es sind praktisch alle meiner Meinung.

Strobel: Wirklich – aber warum hat dann noch keiner unterschrieben?

Körner: Du bist mehr oder weniger die Erste, der ich das hier vorlege.

Mit welchen Taktiken versucht Körner, sein Ziel zu erreichen?

Lösung: So bewertet der Experte

Körner hat gleich erkannt, dass Frau Strobel in ihrer Situation sehr empfänglich ist für zwischenmenschliches Verständnis – und ganz nebenbei auch noch bereit zu einer kleinen Unterschrift. Neben dem dick aufgetragenen Kompliment am Anfang setzt er noch zwei weitere Tricks ein.

❶ *Wenn wir den endlich hätten – ich glaube, dann könnte ich was für dich tun. Sogar schon vorher.*

Eine gute Gelegenheit, den Betriebsrat durchzusetzen, zumindest bei Uli Strobel. Körner benutzt eine Taktik nach dem Prinzip »eine Hand wäscht die andere« oder »Wie du mir, so ich dir« – oder auf englisch »Tit for Tat«. Ganz unverblümt macht er Frau Strobel ein Angebot: Wenn sie etwas für ihn tut, dann wird auch er etwas für sie tun können. Diese Gegenseitigkeitstaktik hat meistens hohe Erfolgsaussichten.

❷ Du bist die Erste. Aber es sind praktisch alle meiner Meinung.

Körners zweites taktisches Manöver, Frau Strobel zur Unterschrift zu bewegen, besteht darin, eine kleine Konsensfalle aufzuspannen. Er macht ihr klar, dass im Grunde alle auf seiner Seite stehen. Durch den Druck der Mehrheit versucht er Uli Strobel auf seine Seite zu ziehen. Der kommt das Ganze jedoch ein bisschen spanisch vor: »... aber warum hat dann noch keiner unterschrieben?« Körner beantwortet diese klare Frage sehr fadenscheinig.

Dialog 4: Zwischen Tür und Angel

Tim Fiedler würde sich gerne auch mit der zweiten Hälfte der Geschäftsleitung gut stellen. Doch Carla Conrad scheint ein zäher Brocken zu sein.

Fiedler: Aaah, Carla. Wie schön! Ich habe gerade an Sie gedacht. Ich bin doch momentan mitten drin in diesem MBA-Studiengang. Ich glaube, Sie haben ja auch einen in den USA gemacht?

Conrad: Das ist richtig.

Fiedler: Boah! Ist ja schon ein Mordsaufwand. Wie haben Sie das nur zeitlich hingekriegt?

Conrad: Geht nur mit knallhartem Zeitmanagement.

❶ **Fiedler:** Genau, mach ich auch. Bis auf die Minute alles durchgeplant. Knallhart.

Conrad: Übertreiben soll man es natürlich auch nicht.

❶ **Fiedler:** Absolut richtig. Alles wohl dosiert. Prioritäten setzen und dann die Sache auf den Punkt bringen, das ist halt wichtig.

Conrad: Ja genau. (*Pause*) War es das, worüber Sie mit mir reden wollten?

Fiedler: Ja – äh, nein. Ach ja, genau. Ähm – ich wollte fragen – (*räuspert sich*) Wie sieht's denn aus? Im Mai gäbe es einen interessanten PR-Kongress in New York. Da habe ich mir gedacht, ob das nicht vielleicht was wäre, wenn ich für unsere Firma teilnehmen würde.

Conrad: Ist da nicht Braunstein immer hingefahren?

❷ **Fiedler:** Na jaa. In unserer Abteilung herrscht eigentlich die einhellige Meinung, dass nicht immer der Leiter dort hinfahren müsste. Und wenn jemand wie Sie es unterstützen würde ...

Conrad: Auch wenn alle der Meinung sein sollten, werde ich nichts über den Kopf von Braunstein entscheiden. Das werden Sie verstehen.

Fiedler: Ja klar. War ja nur ,ne Frage.

Wie wehrt sich Carla gegen die Umgarnungsversuche Fiedlers?

Lösung: So bewertet der Experte

Fiedler geht an dieses Gespräch ähnlich heran wie zuvor bei Peter Sauertopf. Nur dieses Mal kommt er mit seiner Taktik nicht durch.

❶ *Genau, mach ich auch... / Absolut richtig. Alles wohl dosiert.*
Fiedler bestätigt alle Äußerungen Carlas, um sich bei ihr ins rechte Licht zu rücken. Carla führt jedoch zügig auf den Punkt zurück, indem sie nach dem Anliegen Fiedlers fragt: »War es das, worüber Sie mit mir reden wollten?« Damit wirft sie ihn sofort auf die Sachebene zurück.

❷ *In unserer Abteilung herrscht eigentlich die einhellige Meinung, dass nicht immer der Leiter dort hin fahren müsste.*
Fiedler baut die Konsensfalle auf. Das Manöver ist hier jedoch ziemlich durchsichtig und so ist es kein Wunder, dass Carla die Taktik durchschaut und abschmettert. Sie nennt die Taktik zwar nicht direkt beim Namen, aber sie hebelt sie aus, indem sie sich einfach selbstbewusst von dem Konsens einer angeblichen Mehrheit distanziert: »Auch wenn alle der Meinung sein sollten, werde ich nichts über den Kopf von Braunstein entscheiden.« Deutlicher kann sie die Absage an Fiedlers Manipulationsversuch kaum formulieren.

Dialog 5: Der Fotoband

Nachdem Tim Fiedler mit Peter Sauertopf im Fitnesscenter war, ist dieser entschlossen, etwas für seinen zuvorkommenden Kollegen zu tun. Ideal wäre es natürlich, wenn Fiedler auch von anderer Seite unterstützt würde – etwa von Kreativdirektor Benjamin Oppelt.

Sauertopf: Ach, hallo, Oppelt – da sind Sie ja. Kaffe oder Tee?

Oppelt: Momentan gar nichts, danke.

Sauertopf: Ich hab Sie zunächst mal hergebeten, weil ich was für Sie habe. ... Na, wo ist es denn? Es ist doch nicht so klein? Ach da! Bitte sehr.

Oppelt: Ohh! »Die besten Fotos des 20. Jahrhunderts« – echt edel.

Sauertopf: Super, oder? Können Sie übrigens behalten.

❶ **Oppelt:** Danke sehr. Wie komme ich zu der Ehre?

Sauertopf: Ich weiß doch, dass Sie hier außer mir der Einzige sind, für den diese Fotobände was sind. Oppelt, es ist Ihnen wohl nicht entgangen, dass wir hier einiges von Ihnen halten. ❷ Tim Fiedler zum Beispiel hat erst gestern in der Sitzung Ihre Ideen wieder so gelobt. Sie hätten das echt hören sollen. (*lacht*) Er hat gesagt, anscheinend riechen Sie förmlich, was bei den Leuten ankommt.

Oppelt: Freut mich sehr. Dabei mache ich hauptsächlich, was mir selbst gefällt.

Sauertopf: Damit liegen Sie offenbar goldrichtig. Ich würde mir echt wünschen, dass Ihr Können und Ihre Kompetenz hier größeren Einfluss bekommen.

Oppelt: Aha?

❸ **Sauertopf:** Ja, zum Beispiel könnten Sie jemandem wie dem Fiedler einfach mal zeigen, wie Sie so an die Dinge rangehen. Nachwuchspflege sozusagen!

Oppelt: Gerne. Nur – inwieweit hilft ihm das für seinen Bereich weiter?

Sauertopf: Gute Frage! Aber – ich meine, der Junge will was dazulernen. Von jemandem wie Ihnen kann er da nur profitieren. Sie sind doch gerade an den Entwürfen von dem Dings – na, Sie wissen schon, das von der CI-Abteilung. Das wäre doch ein guter Anfang, wenn Sie ihn da mal reinschauen lassen!

Oppelt: Grundsätzlich ja. Allerdings – in dem Fall fände ich es schon wichtig, dass Fiedler erst mit Hesselbach spricht. Das Ganze ist schließlich sein Ding!

Sauertopf: Klar, so war es auch gemeint. Aber auch sonst – geben Sie dem Mann ‚ne Chance.

Oppelt: Aber immer!

Was macht Oppelt gut?

Lösung: So bewertet der Experte

Sauertopf legt die Gegenseitigkeitsfalle in mehreren Stufen an. Trotzdem bleibt Oppelt das ganze Gespräch über wachsam.

➊ *Danke sehr. Wie komme ich zu der Ehre?*

Sauertopf leitet sein eigentliches Gesprächsanliegen durch ein Geschenk ein – in der Hoffnung, dass der Gesprächspartner sich später aufgefordert fühlen wird, etwas zurückzugeben. Doch Oppelt scheint den Braten von Anfang an zu riechen, denn er fragt direkt nach dem Grund für das Geschenk.

➋ *Tim Fiedler zum Beispiel hat erst gestern in der Sitzung Ihre Ideen wieder so gelobt. Sie hätten das echt hören sollen.*

Sauertopf geht zum zweiten Teil der Gegenseitigkeitsfalle über. Auch Fiedler hat etwas Gutes für Oppelt getan, und das impliziert die stillschweigende Forderung: Wird es da nicht Zeit, etwas für Fiedler zu tun?

➌ *Ja, zum Beispiel könnten Sie jemandem wie dem Fiedler einfach mal zeigen, wie Sie so an die Dinge rangehen. Nachwuchspflege sozusagen!*

Hier lässt Sauertopf die Katze aus dem Sack. Oppelt soll Fiedler fördern. Der fällt aber auf die Gegenseitigkeitsfalle nicht herein. Er stellt vielmehr eine ziemlich kluge Frage, die Sauertopf entwaffnet: »Nur – inwieweit hilft ihm das für seinen Bereich weiter?« Damit kehrt er zum sachlichen Aspekt zurück und betrachtet Sauertopfs Vorschlag von einer objektiven Warte aus. Umso selbstbewusster wirkt daraufhin sein Einwand, dass Hesselbach miteinbezogen werden muss.

Praxistipps

Greift ein Manipulator zu den Tricks dieses Kapitels, ist es oftmals schwer, diese zu erkennen und von ehrlicher Freundlichkeit oder Sympathie zu unterscheiden. Sie sollten weder zu misstrauisch noch zu naiv reagieren, wenn jemand versucht, mit Ihnen ein persönliches Band zu knüpfen.

- Spiegeltrick abwehren
  Seien Sie vorsichtig, wenn Sie bemerken, dass Ihnen jemand nach dem Mund redet. Wenn Ihnen jemand besonders sympathisch ist, stellen Sie sich ganz bewusst die Frage: Unterstütze ich tatsächlich seine sachlichen Argumente oder bin ich nur seiner Meinung, weil er mir besonders sympathisch ist?
- Scheinkomplimente abwehren
  Komplimente sind etwas Schönes und Angenehmes. Genießen Sie sie, seien Sie jedoch auf der Hut. Ihren Verstand sollten Sie ihretwegen nicht ausschalten: Es lohnt sich immer, kurz zu überlegen, ob die Schmeicheleien lediglich einen bestimmten Zweck verfolgen.
- Gegenseitigkeitsfalle abwehren
  Der erste wichtige Schritt ist hier natürlich wieder, die Falle überhaupt zu kennen. Dieses Wissen wappnet Sie bereits bestens. Darüber hinaus sollten Sie auf eine Äquivalenz der »Geschenke« achten. Stellen Sie sich die Frage, ob es sich seitens des Gesprächspartners wirklich um ein wichtiges Zugeständnis handelt, oder ob Ihnen nur etwas angeboten

wird, was den Manipulator nicht viel kostet. Im Gegenzug aber wird von Ihnen etwas Substantielles erwartet.

- Bestätigungsfalle abwehren
  Für die Bestätigungsfalle gilt Ähnliches wie für Scheinkomplimente. Freuen Sie sich darüber, dass Ihnen jemand zustimmt und Sie in ihrer Meinung unterstützt. Achten Sie aber darauf, dass dieses Band an Gemeinsamkeit nicht auf Meinungen übertragen wird, die Sie eigentlich nicht vertreten wollen. Seien Sie sich der Tatsache bewusst, dass wir alle gerne nach Bestätigungen unserer Ansichten suchen. Es könnte also eine reine Masche des Manipulators sein.
- Konsensfalle abwehren
  Mit Ausnahme weniger Exzentriker möchte niemand gern ein Außenseiter sein. Deshalb neigen wir dazu, unsere Meinungen an Gruppenmeinungen anzupassen. Diesen latent vorhandenen Konsensdruck kann der Manipulator sich zunutze machen. Hier gibt es eigentlich nur eine Antwort: Bleiben Sie standhaft und vertrauen Sie dem eigenen Urteil. Außerdem: Verschaffen Sie sich weitere Informationen und überwinden Sie so die Unsicherheitssituation.
  Eine andere Möglichkeit besteht darin, gezielt Fragen zu stellen, um offen zu legen, wie viele Personen wirklich schon auf der Seite des Manipulators stehen. Häufig ist die starke Position nämlich nur vorgetäuscht. Dann wird der Manipulator nur recht vorsichtig formulieren, wie viele Leute er tatsächlich hinter sich hat.

Logischer Treibsand

»Klingt doch total logisch – oder?« Gerade wenn Sie das denken, sind Sie vielleicht schon Opfer einer geschickten Manipulation geworden. Argumentative Auseinandersetzungen sind in diesem Zusammenhang ein besonders beliebtes Spielfeld für den Manipulator. Hier kann er ganz seine Fähigkeiten einsetzen und sein Gegenüber durch scheinbar gekonnte logische Argumentation hinters Licht führen.

Sehen wir uns an, wie sich »logische« Folgerichtigkeit bei genauerem Hinsehen als bloßes Scheingebilde oder raffinierter Trugschluss entpuppt.

Dialog 1: Kein Ende in Sicht

Der Konflikt zwischen Frau Strobel und Frau Kessler besteht unverändert weiter. Frau Kessler wendet sich daher noch ein weiteres Mal an Axel von Braunstein.

Kessler: ... und jetzt wissen Sie, wie die Sache steht. Ich bin mit meinem Latein am Ende. Ich hab mich wirklich bemüht, aber von der anderen Seite muss auch was kommen.

Braunstein: Gut. Also ich fasse noch mal zusammen: In Ihrem Konflikt mit Frau Strobel hat sich nicht viel verändert.

Kessler: Nichts hat sich verändert, rein gar nichts!

Braunstein: O.k. Dann lassen Sie uns doch mal logisch an die Sache rangehen. Einverstanden?

Kessler: Äh ja, natürlich.

❶ **Braunstein:** Objektiv gesehen bleiben uns doch nur zwei Möglichkeiten: Entweder ich greife wirklich hart durch, mit all den negativen Konsequenzen, die für sämtliche Beteiligten daraus entstehen werden. Oder aber wir versuchen die ganze Sache gewissermaßen auszusitzen. Was die erste Möglichkeit betrifft, da müssen wir ganz ehrlich sagen: Wenn ich eingreife, wird das eine harte Sache. Da müssten ja vielleicht sogar personelle Konsequenzen gezogen werden. Im Sinne des Betriebsklimas kann das ja eigentlich wohl kaum akzeptabel sein. Das scheidet also aus. Und somit schließe ich daraus – ?

Kessler: Ja?

❷ **Braunstein:** Na, da braucht man jetzt wohl kein großer Logiker zu sein. Es liegt klar auf der Hand, dass es besser ist, sich mit der gegenwärtigen Situation zu arrangieren.

Kessler: Aber – aber das kann doch nicht Ihr Ernst sein!

Braunstein: Was soll das heißen? Meinen Sie, ich finde das alles bei Ihnen da drüben zum Scherzen?

Kessler: Äh – nein, natürlich nicht.

Wie funktioniert Braunsteins Taktik, die von ihm gewünschte Lösung durchzusetzen?

Lösung: So bewertet der Experte

In diesem Beispiel sehen wir, wie der Manipulator – in diesem Fall Axel von Braunstein – versucht, durch den Einsatz von »Logik« eine bestimmte Schlussfolgerung zu erzwingen.

❶ *Objektiv gesehen bleiben uns doch nur zwei Möglichkeiten: Entweder ich greife wirklich hart durch …*
Braunstein suggeriert, dass es nur zwei Lösungsmöglichkeiten gibt; da die Möglichkeit, »hart durchzugreifen« ausscheidet, bleibt nur, »die ganze Sache gewissermaßen auszusitzen«. Und dies ist selbstverständlich die vom Manipulator gewünschte Lösung. Man nennt diese Taktik Schwarz-Weiß-Malerei.

❷ *Na, da braucht man jetzt wohl kein großer Logiker zu sein. Es liegt klar auf der Hand, dass es besser ist …*
Mit einem Schuss Evidenztaktik unterstreicht Braunstein, dass es wirklich nur eine »logische« Lösung geben kann. Zugleich unterstellt er Frau Kessler, dass sie wohl eher ein »kleiner Logiker« ist – aber selbst sie müsse diese offensichtliche Lösung erkennen.

Dialog 2: Das Thema »Hesselbach«

Peter Sauertopf und Carla Conrad unterhalten sich über die fortgesetzte Erfolglosigkeit von Hesselbach.

Sauertopf: Carla, ich mach mir Sorgen um den Hesselbach.

Conrad: Inwiefern denn?

Sauertopf: Na ja, der Junge hat in den letzten sechs Monaten keinen einzigen Neuauftrag an Land gezogen.

Conrad: Ein bisschen Zeit sollten wir ihm schon noch geben.

❶ **Sauertopf:** Wenn einer wirklich den Erfolg will, bringt er auch positive Zahlen. Hesselbach liefert null Komma nichts. Ich sage dir, der bemüht sich nicht! Der will gar nicht!

Conrad: Stimmt schon, großen Erfolg hat er noch nicht erzielt. Aber mangelndes Engagement kann man ihm nicht vorwerfen. Der sitzt hier jeden Abend bis zehn oder noch länger.

Sauertopf: Da wäre es aber wohl besser, er würde diese Zeit in Kundenakquise investieren!

Conrad: Er arbeitet an dem Auftrag, den er hat.

❷ **Sauertopf:** Und damit ist es doch so: Entweder er kriegt ihn hundertprozentig gut hin. Oder aber er setzt die Sache in den Sand. Und ich sage dir: Genau so wird es kommen. Wir sollten uns schon mal ‚ne Alternative überlegen. ❸ Der Fiedler zum Beispiel – der ist ja ein hoch kompetenter Mann!

Conrad: Also wirklich, Peter! Mit so einer Schwarz-Weiß-Malerei ist uns doch nicht geholfen!

Wie funktioniert Sauertopfs Methode und wie wehrt Carla Conrad sie ab?

Lösung: So bewertet der Experte

Peter Sauertopf verwendet eine ganze Reihe von scheinbar logischen Konstrukten an, die er vermutlich auch selbst glaubt.

❶ *Wenn einer wirklich den Erfolg will, …*

Sauertopf benutzt ein Argument, das fehlerhaft ist. Er geht von der These aus: Wenn jemand den Erfolg will, dann wird er auch positive Zahlen bringen. Mit der Feststellung, dass Hesselbach keine positiven Zahlen meldet, schließt er auf dessen mangelnden Willen zum Erfolg. Dabei stimmt dieser Umkehrschluss nicht – von der Erfolglosigkeit kann nicht auf die Einstellung geschlossen werden. Carla Conrad dagegen vertraut ihren eigenen Beobachtungen und kontert prompt Sauertopfs Fehlschluss: »Aber mangelndes Engagement kann man ihm nicht vorwerfen«.

❷ *Entweder er kriegt ihn hundertprozentig gut hin. Oder aber er setzt die Sache in den Sand.*

Im zweiten Teil baut Sauertopf auf einer viel zu starken Entweder-oder-Prämisse auf. Er lässt völlig außer Acht, dass es zwischen »ganz oder gar nicht« zahlreiche Abstufungen gibt.

❸ *Der Fiedler zum Beispiel – der ist ja ein hoch kompetenter Mann!*

Analog zum falschen Entweder-oder stellt Sauertopf schließlich Hesselbach und Fiedler in völlig unangebrachter Schwarz-Weiß-Malerei gegenüber. Carla Conrad zeigt jedoch, wie man auf diese Taktiken reagieren kann: Sie nennt sie beim Namen und fordert eine sachliche Diskussion ein.

Dialog 3: Der Betriebsrat – Teil 5

Körner sitzt mit zwei seiner Kollegen beim Italiener und widmet sich mal wieder seinem Lieblingsthema.

❶ **Körner:** Unbestritten ist doch, wenn wir einen Betriebsrat haben, dann verbessern sich die Entwicklungschancen der Mitarbeiter. Und wir haben keinen, das heißt, das Entwicklungspotenzial der Mitarbeiter liegt brach. Klar?

Kollege 1 und 2: Nöö.

Körner: O.k. Ich geb euch ein Beispiel: Also – ihr spielt doch Tennis, nicht wahr?

Kollege 1: Ja.

Körner: Und welche Funktion hat da ein Schiedsrichter?

Kollege 1 und 2: Mmh?

❷ **Körner:** Na, der entscheidet bei strittigen Situationen im Spiel. Ohne Schiri gibt es Probleme. Genau so ist es mit einem Betriebsrat. Er hilft, wenn es um strittige Entscheidungen geht.

Kollege 1: Na ja – stimmt schon!

Kollege 2: Also Moment mal. Das sind aber doch zwei Paar Stiefel: Ein Schiedsrichter muss neutral sein, aber der Betriebsrat, der steht doch klar auf einer Seite –

Kollege 1: Da is' was dran, musste zugeben, Hans!

Kollege 2: – auf unserer Seite hoffentlich! (*lautes Gelächter*)

Körner: Ich seh' schon, mit euch kann man nicht richtig diskutieren. Ober – zahlen!

Welche Versuche startet Körner, um seine Kollegen zu manipulieren?

Lösung: So bewertet der Experte

Körner denkt, er kann seine Gesprächspartner mittels scheinbarer Logik und plastischer Vergleiche überzeugen. Doch seine Manipulation fliegt auf.

❶ *...wenn wir einen Betriebsrat haben, dann verbessern sich die Entwicklungschancen der Mitarbeiter. Und wir haben keinen ...*

Körners Argumentation ist ein Beispiel für einen logischen Fehlschluss, den man »Nein zum Antecedens« nennt. Er stellt dabei zuerst die These auf, dass die Existenz eines Betriebsrats die Entwicklungschancen von Mitarbeitern erhöht. Da es im eigenen Unternehmen aber keinen gibt, schließt er darauf, dass die Entwicklungschancen brach liegen. Und das ist ein Fehlschluss.

❷ *... Ohne Schiri gibt es Probleme. Genau so ist es mit einem Betriebsrat.*

Im zweiten Teil des Dialogs versucht Körner durch ein Analogieargument zu zeigen, dass ein Betriebsrat notwendig ist. Analogieargumente bauen auf Vergleichen auf. Und genau das ist ihre Sollbruchstelle: Man kann sehr oft den Fehler im Vergleich finden. Die Kollegen bemerken, dass das Bild mit dem Schiedsrichter nicht stimmt – damit platzt Körners Argumentation sofort.

Dialog 4: Im Zug

Fiedler kommt im Zug mit seinem Sitznachbarn ins Gespräch.

Fiedler: Wissen Sie, ich bin nämlich Projektleiter in einer namhaften PR- und Werbeagentur.

Fahrgast (*lacht*): Dann gehören Sie also auch zu diesen Verführern der Menschheit?

❶ **Fiedler:** Ein typischer Irrglaube! Durch Werbung können sich die Menschen erst einen Überblick verschaffen, was es gibt. Ohne Werbung keine vernünftigen Produktinformationen und somit auch keine vernünftigen Kaufentscheidungen.

Fahrgast (*grinst*): Also diese Argumentation scheint mir doch ein bisschen schief.

Fiedler: Schief? Nun gut. Aber ich bin sowieso nicht in der Produktwerbung, sondern im PR-Bereich.

Fahrgast: Oh! Sie helfen also Unternehmen dabei, ihr Image aufzupolieren, egal was dahinter steckt. Ist das für Sie nicht manchmal ein bisschen komisch?

❷ **Fiedler:** Aber überhaupt nicht! Wenn ich es nicht mache, macht es wer anders. Also kann ich's gleich selber machen.

❸ **Fahrgast:** Es gäbe aber doch wohl auch die Alternative, dass es überhaupt niemand macht. (*lacht*) So nach dem Motto: »Es gibt ein Leben ohne Werbung.«

Fiedler: Sie haben wohl was gegen Werbeleute!

Fahrgast: Aber nicht im Geringsten. Ich bin selbst Marketingleiter in einem Konzern.

Eine Wonne, wie der »Kollege« von Herrn Fiedler dessen Taktiken kontert. Wie macht er das genau?

Lösung: So bewertet der Experte

Tim Fiedler scheint seinen Meister gefunden zu haben.

❶ *Durch Werbung können sich die Menschen erst einen Überblick verschaffen, was es alles gibt. …*
Fiedler benutzt den »Nein zum Antecedens«-Fehlschluss: Existiert die Voraussetzung nicht (Werbung), gibt es auch keine vernünftige Produktinformation.

❷ *Wenn ich es nicht mache, macht es wer anders. Also kann ich's gleich selber machen.*
Fiedler gebraucht hier den »Fehlschluss der falschen Alternative«, der in diesem Fall viel Ähnlichkeit mit der Schwarz-Weiß-Malerei hat. Dabei zeigt man, dass nur eine begrenzte Anzahl von Alternativen existiert, alle scheiden aus – bis auf eine, die notwendigerweise Geltung haben muss.

❸ *Es gäbe aber doch wohl auch die Alternative, dass es überhaupt niemand macht …*
Der Fahrgast kontert, indem er einfach die zentrale Prämisse bestreitet, dass es nämlich nur zwei Alternativen gibt. Das ist eine einfache, aber effektive Möglichkeit, sich gegen fehlerhafte Argumentation zur Wehr zu setzen. Zusätzlich begegnet der Fahrgast Fiedlers Manipulationen mit Humor. Das macht ihn in dieser Situation besonders souverän.

Dialog 5: Was tun?

Beim Abendessen erzählt Frau Kessler ihrem Mann Christoph – wie so häufig – von den Problemen im Büro.

Kessler: Du, und dann hat sie mir den Hörer aus der Hand genommen und einfach das Gespräch für mich weitergeführt.

Christoph: Also das geht nun wirklich nicht. Du musst noch mal mit dem Braunstein reden.

Kessler: Hab ich doch schon x-mal. Der macht nichts. Dabei graut mir schon vor jedem neuen Arbeitstag!

Christoph: Vielleicht brauchst du noch ein bisschen Geduld.

Kessler: Geduld? Mit Geduld habe ich es wirklich lange genug versucht. ❶ Entweder ich gebe jetzt auf und verlasse die Firma, oder ich muss mit der Situation weiterleben. Wenn ich gehe, stehe ich ohne Job da. Und in meinem Alter – ich finde doch nichts mehr. Und bleibe ich, dann werde ich krank. Ich hab jetzt schon ständig Bauchschmerzen.

❷ **Christoph:** Du denkst gerade nur noch schwarz-weiß. Es gibt mit Sicherheit noch andere Möglichkeiten.

Kessler: Nämlich?

Christoph: Na, du könntest zum Beispiel mal mit deiner obersten Chefin sprechen. Das wäre jetzt eigentlich der richtige Schritt, denn bei deinem direkten Vorgesetzten bist du ja mit deinem Problem nicht weitergekommen. Das wäre also eine Möglichkeit. Und zum Thema »Firma verlassen«: Wer sagt eigentlich, dass du keinen Job mehr bekommst?

Welchem Fehlschluss sitzt Martina Kessler auf und wie begegnet ihr Mann ihrer fehlerhaften Logik?

Lösung: So bewertet der Experte

❶ ... *Entweder ich gebe jetzt auf und verlasse die Firma, oder ich muss mit der Situation weiterleben ...*

Hier erleben wir den interessanten Fall, dass sich jemand selbst durch eine fehlerhafte Argumentation zu falschen Schlussfolgerungen führt. Frau Kessler sitzt einem falschen Dilemma auf. Aus den angeblich einzigen Alternativen »entweder – oder« zieht sie Schlussfolgerungen, die in jedem Fall negativ sind, egal was sie machen wird: »Wenn ich gehe, stehe ich ohne Job da. ... Und bleibe ich, dann werde ich krank.«

❷ *Du denkst gerade nur noch schwarz-weiß. Es gibt mit Sicherheit noch andere Möglichkeiten.*

Frau Kesslers Mann Christoph zeigt zwei einfache Wege, gegen diese Argumentation bzw. diesen Denkfehler vorzugehen: Zunächst bestreitet er die zentrale Entweder-oder-Behauptung. »Du könntest zum Beispiel mal mit deiner obersten Chefin sprechen« wäre bereits eine dritte Möglichkeit. Daraufhin veranschaulicht er, dass die genannten Konsequenzen nicht wirklich folgen müssen: »Wer sagt eigentlich, dass du keinen Job mehr bekommst?«

Praxistipps

Bei logischen Fehlschlüssen ist es wichtig, ganz gezielt die Schwachpunkte der jeweiligen Argumentation aufzudecken. Folgende Schutzmaßnahmen werden Ihnen eine Hilfe sein:

- Die Taktik erkennen
  Wenn wir den Fehler identifiziert haben, sind wir meistens schon bestens geschützt. Eine durchschaute Taktik ist im Grunde keine wirkungsvolle Taktik mehr.
- Die Taktik benennen und dadurch aus dem Feld räumen Nennen Sie den argumentativen Trick einfach beim Namen zu nennen. Zumindest können Sie damit einen Verblüffungseffekt erzielen.
- Kritische Fragen stellen
  Was Manipulatoren, die mit logischen Tricks arbeiten, gar nicht mögen, ist, wenn sie mit kritischen Fragen konfrontiert werden.
- Gegentaktik auffahren
  Eine letzte Möglichkeit sich zu schützen besteht darin, die Taktik des Manipulators durch ein Gegenbeispiel zu entlarven. Diese Methode funktioniert besonders dann gut, wenn unbeteiligte Dritte anwesend sind.
  Die Abwehrstrategien zu den verschiedenen Manipulationstechniken finden Sie im ersten Teil dieses Bandes im Kapitel »Argumentationsfallen und Scheinargumente« (Abschnitte »Wie Sie sich wehren« bis »Die Irrelevanztaktik«).

Kausale Irrtümer

Manipulatoren neigen dazu, uns in ihrem Sinne »die Welt zu erklären«. Was also käme ihnen besser gelegen als unsere Bereitschaft, viele Dinge in einem Ursache-Wirkungs-Schema zu begreifen? Schon als Kind lernen wir: »Das passiert, weil du jenes getan hast.« In unseren Alltagsdiskussionen spielen Kausalargumente eine entsprechend wichtige Rolle. Mutige Manipulatoren stellen jedoch Kausalzusammenhänge her, die gar nicht existieren. Sie verwechseln die Ursache mit der Wirkung, vertuschen die eigentlichen Ursachen, malen unheilvolle Konsequenzen aus oder treiben uns unaufhaltsam eine »kausale Rutschbahn« hinunter.

Sehen Sie sich an, wie Sie solche Manipulationsversuche erkennen und abwehren.

Dialog 1: Der Nutzen einer CI

Hesselbach steht unter Erfolgsdruck. Deshalb will er dem neuen Kunden Telespot mehr verkaufen als zunächst vereinbart war. Doch obwohl er dafür alle Register zieht – Telespot-Geschäftsführer Wolfgang Maier wirkt noch nicht so richtig überzeugt.

Maier: Wir wollten von Ihnen eigentlich nur eine Imagekampagne. Und jetzt erzählen Sie uns, dass wir ein viel umfassenderes Konzept brauchen, eine Corporate Identity.

❶ **Hesselbach:** Genau. Und zwar deshalb, weil viele Untersuchungen belegen, dass erfolgreiche Unternehmen immer auch eine präzise CI haben. Das heißt: Eine gut ausgearbeitete CI ist eindeutig Erfolg bestimmend.

Maier: Wer sagt denn, dass es nicht umgekehrt ist: Erfolgreiche Unternehmen erlauben sich zusätzlich den Luxus einer CI?

❷ **Hesselbach:** Na ja. Aber ich kann Ihnen an dieser Stelle sagen, dass ich im vorigen Unternehmen, in dem ich beschäftigt war, an zwei CI-Projekten beteiligt war. Und die haben zu einem spürbaren Unternehmenserfolg geführt.

Maier: Also – ehrlich gesagt scheint mir diese Aussage noch kein wirklich beeindruckender Beweis.

Hesselbach in Not: Mit welchen Mitteln versucht er, den Kunden zu dem umfangreicheren Auftrag zu überreden und welche Fehler macht er dabei?

Lösung: So bewertet der Experte

➊ *... weil viele Untersuchungen belegen, dass erfolgreiche Unternehmen immer auch eine präzise CI haben. Das heißt: Eine gut ausgearbeitete CI ist eindeutig Erfolg bestimmend.*
Hesselbach benutzt in diesem Abschnitt ein Kausalargument – übrigens unterstützt durch eine Autoritätstaktik (»eindeutige Untersuchungen«) –, das auf einer behaupteten ursächlichen Beziehung aufbaut, nämlich: Die Existenz einer CI führt zu Erfolg. Maier macht aber sofort auf den möglichen Fehler aufmerksam: »Wer sagt denn, dass es nicht umgekehrt ist?« Denn: Wodurch lässt sich ausschließen, dass der Erfolg nicht ursächlich ist für die Entwicklung einer CI? Ursache-Wirkungs-Richtungen sind nicht immer eindeutig.

➋ *Aber ich kann Ihnen an dieser Stelle sagen, dass ich im vorigen Unternehmen, in dem ich beschäftigt war ...*
Hesselbach benutzt ein Erfahrungsargument, um seine Behauptung zu untermauern. Doch das zeigt den zweiten Fehler in einer Kausalargumentation: die Datenbasis. Hesselbach hat lediglich bei zwei CI-Projekten in einem einzigen Unternehmen Erfahrung gesammelt. Das ist womöglich viel zu wenig, um vernünftig für die Existenz einer Kausalbeziehung zu argumentieren.

Dialog 2: Der Betriebsrat – Teil 6

Körner und zwei Kollegen stehen an der U-Bahn-Haltestelle. Wieder nutzt er die Gelegenheit, für seine Mission zu werben.

Körner: Also wenn uns das Unternehmen Parkplätze zur Verfügung stellen würde, dann müssten wir nicht so umständlich mit öffentlichen Verkehrsmitteln fahren.

Kollege 1: Ich fahr gern mit der U-Bahn.

❶ **Körner:** Aber das ist sozial ungerecht, dass wir keine Parkplätze haben. Wenn wir jetzt nichts unternehmen, dann wird uns auch der Essens-Zuschuss gestrichen. Und Überstunden werden auch nicht mehr vergütet. Wollt ihr das?

Kollege 1 und 2: Nö ...

Körner: Und deswegen muss ein Betriebsrat her. Aber ich red' mir ja den Mund nur fusselig. Ich sage euch, das, was hier passiert, ist nur ein Beispiel für einen allgemeinen Trend. Wenn wir zulassen, dass die Arbeitnehmerrechte beschnitten werden, wird diesem neoliberalen – diesem Hyänentum Tür und Tor geöffnet. ❷ Das Nächste, was fällt, ist der Kündigungsschutz. Dann wird an den Gehältern gedreht, und zwar nach unten. Wir werden noch froh sein, wenn wir für fünf Euro pro Stunde arbeiten *dürfen*. Am Ende haben wir ein modernes Sklaventum. Was dann kommt, kann sich jeder ausmalen ...

Kollegen 1 und 2: Ah! Jetzt kommt unsere U-Bahn. Schönen Abend noch!

Körner: Euch auch. Und denkt mal drüber nach.

Welche Taktiken benutzt Körner?

Lösung: So bewertet der Experte

❶ *... Wenn wir jetzt nichts unternehmen, dann wird uns auch der Essens-Zuschuss bald gestrichen. Und ...*

Körner setzt hier eine Taktik ein, die man Schwarzfärberei nennt. Er möchte zeigen, dass etwas unternommen werden muss – nämlich die Gründung eines Betriebsrats. Wird jedoch weiterhin nichts getan, dann wird dies zu negativen Konsequenzen *für alle* führen – das ist der schwarzmalerische Aspekt. Sein scheinbar kausales Argument lautet demnach: Um diese schlimmen Folgen zu verhindern, muss also etwas unternommen werden.

❷ *Das Nächste, was fällt, ist der Kündigungsschutz. Dann wird an den Gehältern gedreht, und zwar nach unten. Wir werden ...*

Körners nächste Taktik besteht darin, ein Lawinenargument ins Rollen zu bringen: Das Beschneiden von Arbeitnehmerrechten führt zu ..., und das führt unweigerlich zu ..., und das führt zu ... – wobei die Folgen immer schlimmer werden. Da erscheint die Strecke kurz bis zum Ziel »modernes Sklaventum«. Seine Konsequenz: Die Lawine muss gleich von Anfang gestoppt werden – und das verbindet er mit der Notwendigkeit, einen Betriebsrat zu gründen. Körner nutzt hier das Ursache-Wirkungs-Prinzip zu seinem Vorteil: Die unaufhaltsamen Folgen können nur verhindert werden, wenn gleich die Anfangsursache bekämpft wird – und zwar mit *seinen* Mitteln.

Dialog 3: Motivationstraining?

Carla Conrad und Peter Sauertopf machen sich Sorgen wegen der brodelnden Stimmung in ihrer Agentur. Da sogar von der Gründung eines Betriebsrats gemunkelt wird, besprechen sie ihre Probleme mit einem Unternehmensberater, Herrn Kronberg.

Conrad: Also, Herr Kronberg, wir haben ziemlich viele Fehltage bei den Mitarbeitern und hören auch immer wieder von einer gewissen Frustration in unserer Agentur. Angeblich ist sogar geplant, einen Betriebsrat zu gründen.

❶ **Sauertopf:** Deswegen würden wir Sie gerne beauftragen, ein Motivationstraining durchzuführen. Wir sind überzeugt, dass dies auf die Zufriedenheit und Fehltage durchschlagen wird.

Kronberg: Könnte es nicht sein, dass dem Ganzen tiefer sitzende Probleme zugrunde liegen?

❷ **Sauertopf:** Uns ist ganz klar, woran es liegt. Fehlende Motivation. Und dazu brauchen wir ein Training.

❸ **Kronberg:** Mmmh. Bevor ich irgendeine Maßnahme vorschlage, würde ich mir gern selbst ein Bild machen und die Mitarbeiter interviewen.

Sauertopf: Dazu fehlt uns die Zeit, Herr Kronberg.

Kronberg: Dann bin ich vielleicht nicht der richtige Berater für Sie.

Peter Sauertopf scheint von seinem Lösungskonzept überzeugt. Wie legt er Kronberg sein Konzept nahe? Auf welche Weise kontert Kronberg?

Lösung: So bewertet der Experte

Für Peter Sauertopf ist der Fall schon zu Beginn des Gesprächs klar. Deshalb lässt er sich erst gar nicht auf eine echte Diskussion ein.

❶ *Deswegen würden wir Sie gerne beauftragen, ein Motivationstraining durchzuführen. Wir sind überzeugt ...*
Sauertopf benutzt in diesem Dialog implizit ein Kausalargument, das besagt, dass mangelnde Motivation ursächlich ist für die vielen Fehltage. Mehr Motivation würde in seinen Augen den Fehltagen entgegenwirken. Kronberg hinterfragt dieses Ursache-Wirkungs-Konstrukt jedoch sofort: Er vermutet, dass beiden Symptomen – Motivationsmangel und Fehltagen – stattdessen »tiefer sitzende Probleme zugrunde liegen«. Sauertopf hatte die Möglichkeit einer gemeinsamen Ursache einfach übergangen.

❷ *Uns ist ganz klar, woran es liegt. Fehlende Motivation ...*
Sauertopf setzt die Evidenztaktik ein.

❸ *Bevor ich irgendeine Maßnahme vorschlage, würde ich mir gern selbst ein Bild machen und die Mitarbeiter interviewen.*
Doch Kronberg ignoriert dieses forsche Vorgehen elegant, indem er einen Vorschlag unterbreitet. Er lässt sich nicht von seinem zentralen Anliegen abbringen, dem Kunden das zu liefern, was dieser an Beratung wirklich braucht. Dabei formuliert er ganz klar, dass er von einem unbeeinflussten Ausgangspunkt aus an die Sache herangehen will.

Dialog 4: Der Kalender

Uli Strobel knabbert immer noch an der Geschichte mit Benjamin Oppelt – der sich hartnäckig weigert, sie über seine Termine zu informieren. Sie möchte nun an höherer Stelle versuchen, daran etwas zu ändern.

Strobel: Herr Sauertopf, ich hätte einen kleinen Verbesserungsvorschlag für unsere Büro-Organisation.

Sauertopf: Ja?

Strobel: Wir sollten einen einheitlichen Kalender einführen, in den jeder seine Termine einträgt. Das ist allgemeiner Standard in Betrieben unserer Größe.

❶ **Sauertopf:** Aha? Aber wozu soll das gut sein?

Strobel: Es bringt einfach mehr Klarheit. Momentan weiß man ja oft gar nicht so richtig, was der eine oder andere Mitarbeiter gerade tut.

Sauertopf: Na ja, muss ja auch nicht jeder vom anderen ständig – oder doch?

Strobel: Auf jeden Fall arbeitet man so oft aneinander vorbei. Ohne Kalender kann es jederzeit passieren, dass dieselben Sachen zweimal gemacht werden.

❶ **Sauertopf:** Können Sie mir da ein konkretes Beispiel nennen?

Strobel: N-nicht direkt. Aber die Gefahr besteht natürlich. Außerdem gehört es natürlich zu einem modernen Betrieb einfach dazu, dass Außentermine, Treffen mit irgendwelchen Kunden – also, dass die vorher allen bekannt sind.

Sauertopf: Aber so was findet doch manchmal ziemlich spontan statt.

Strobel: Dann kann man es ja auch notfalls mal nachträglich eintragen – oder mir eine kurze Mail schicken, und ich mach das dann.

Sauertopf: Klingt nach relativ viel Aufwand. Und ich hab immer noch nicht den tieferen Sinn verstanden. ❶ Haben Sie denn einen aktuellen Anlass, der Sie jetzt auf die Idee brachte?

Strobel: Ähm – also nicht so direkt. Aber nehmen wir nur mal jemand wie den Oppelt. Bei dem muss man immer erst ewig nachforschen, bevor man rauskriegt, wo und mit wem er sich gerade aufhält. ❷ Wenn das nun alle so machen? Dann liegen unsere Mitarbeiter irgendwann jeden zweiten Tag im Schwimmbad und wir merken es noch nicht mal.

Sauertopf: Na, übertreiben Sie da nicht ein bisschen?

Strobel: Ja – äh, nein. Na ja. War nur ein Vorschlag.

Was macht Peter Sauertopf hier sehr gut?

Lösung: So bewertet der Experte

Peter Sauertopf gibt sich hier zu Recht kritisch gegenüber Frau Strobels Anliegen.

❶ *Aha? Aber wozu soll das gut sein? ... Können Sie mir da ein konkretes Beispiel nennen? ... Haben Sie denn einen aktuellen Anlass ...?*

Frau Strobel begründet die Notwendigkeit eines einheitlichen Kalenders mit der daraus entstehenden Kausalfolge der »größeren Klarheit im Betrieb«. Diese Kausalbeziehung ist Herrn Sauertopf nicht eindeutig genug, weshalb er weiter nachfragt. Das immer wieder konkrete Nachhaken entlarvt den Kausalzusammenhang prompt als nicht zwingend.

❷ *Wenn das nun alle so machen? Dann liegen unsere Mitarbeiter irgendwann jeden zweiten Tag im Schwimmbad ...*

Um Sauertopf doch noch zu überzeugen, benutzt Frau Strobel ein verkürztes Lawinenargument: Wenn sich alle so verhalten wie Herr Oppelt, dann wird bald niemand mehr richtig arbeiten. In der verkürzten Form werden die kausalen Zwischenschritte einfach übersprungen. Mit diesem Argument schwärzt Frau Strobel gleichzeitig Herrn Oppelt an. Sauertopf aber reagiert gut, indem er auf die Übertreibung aufmerksam macht – und damit beides vom Tisch wischt, den Manipulationsversuch und die Diffamierung des Kollegen.

Praxistipps

Kausalargumente sind oft noch trickreicher und schwerer abzuwehren als Schlussfolgerungen, die sich als pure »Logik« tarnen. Das Prinzip Ursache-Wirkung verbinden wir mit eigenen Erfahrungswerten, und oftmals sind wir nicht kritisch genug, wenn uns jemand einen falschen Kausalzusammenhang unterjubeln will. Auch hier hilft eine gewissenhafte sachliche Analyse der Argumentation.

- Fehlerhafte Kausalargumente abwehren
  Brauchbare Mittel sind kritische Fragen, durch die man Kausalargumente testen kann. Dazu gehören:
  - Gibt es eine positive Korrelation zwischen den Ereignissen A und B?
  - Gibt es eine ausreichende Zahl beobachteter Fälle?
  - Handelt es sich vielleicht nur um eine Zufallskorrelation?
  - In welche Richtung geht die Kausalität eigentlich?
  - Können wir eine zeitliche Aufeinanderfolge identifizieren oder müssen wir vielmehr von einer wechselseitigen Beeinflussung ausgehen?
  - Kann ausgeschlossen werden, dass die Korrelation zwischen A und B durch einen dritten, tiefer liegenden Faktor entsteht?
  - Wie stark ist die Kausalbeziehung zwischen den genannten Ereignissen wirklich?

- Schwarzfärberei abwehren
  Die Abwehrmöglichkeiten gegen diese Taktik haben Sie schon im ersten Teil des Bandes kennen gelernt (s. gleichnamigen Abschnitt in Kapitel »Argumentationsfallen und Scheinargumente«). Hier noch einmal in Kurzform:
  1. Sie nennen die Taktik beim Namen und machen so darauf aufmerksam, dass manipuliert wird.
  2. Sie zeigen, dass die genannten Konsequenzen gar nicht oder nicht notwendig aus der Ausgangsposition folgen.
  3. Sie kontern die Taktik, indem Sie die positiven Konsequenzen aufzeigen, die sich aus Ihrer Position ergeben. Diese positiven Konsequenzen können mögliche negative Folgen überwiegen.
- Rutschbahntaktik abwehren
  Wird man mit der Rutschbahntaktik konfrontiert, sollte man zunächst prüfen, ob der Manipulator tatsächlich den vom Gesprächspartner geäußerten Vorschlag benutzt hat, um daraus die unliebsamen Konsequenzen abzuleiten. Häufig werden nämlich die ursprünglichen Positionen etwas verzerrt (s. »Strohmanntaktik«), um die negativen Folgen daraus wirkungsvoll herzuleiten. Die zweite Sollbruchstelle einer Rutschbahntaktik liegt in der konstruierten Kausalkette. Wie Sie sich wehren, können Sie im ersten Teil des Buches noch einmal nachlesen (s. gleichnamigen Abschnitt in Kapitel »Argumentationsfallen und Scheinargumente«).

Verhandlungspoker

Verhandlungen bieten für einen cleveren Manipulator so etwas wie eine Bühne: Beide Verhandlungspartner gehen mit – manchmal offenen, manchmal versteckten – subjektiven Interessen und Anliegen an das Gespräch oder an den Konflikt heran. Das Prinzip »Was beliebt, ist erlaubt« wird deshalb oft stillschweigend akzeptiert. Und so wirft ein geschickter Verhandler Köder aus, markiert den starken Mann, erzeugt künstlich Knappheit, appelliert an Sie, weil er sonst seinen guten Ruf verliert, oder zockt schlicht und einfach nach.

Man wird also meistens mit einem ganzen Bündel an Tricks konfrontiert. Deshalb ist gerade in Verhandlungen nur der erfolgreich, der die Taktiken des Gegenübers durchschaut und geschickt abwehrt.

Dialog 1: Der alte Konflikt

Axel von Braunstein ist mittlerweile entnervt von dem »Zickenalarm« in seinem Vorzimmer. Er ist entschlossen, die Auseinandersetzung zwischen seinen Assistentinnen endgültig zu beenden. Dazu knöpft er sich Frau Kessler vor.

Braunstein: In dem Konflikt mit Frau Strobel scheint sich ja noch nicht viel bewegt zu haben.

Kessler: An mir liegt's jedenfalls nicht.

❶ **Braunstein:** Genau darüber wollte ich mit Ihnen reden. Wie wichtig ist denn Zusammenarbeit für Sie?

Kessler: Sehr wichtig natürlich.

Braunstein: Da muss ich jetzt mal nachfragen: Was gehört denn für Sie zu so einer Zusammenarbeit dazu?

Kessler: Na, zum Beispiel Rücksichtnahme, das ist ganz wichtig.

Braunstein: Und Toleranz?

Kessler: Ja, klar, auch. In einem gewissen Rahmen.

Braunstein: Sind Sie denn der Meinung, dass man sich lieben muss, oder zumindest sympathisch finden, um gut zusammenarbeiten zu können?

Kessler: Na ja, also das wäre wohl ein bisschen viel verlangt.

Braunstein: Freut mich, dass Sie das alles so sehen. Zusammenarbeit ist Ihnen wichtig, und Sie wissen auch, dass es dafür einer gewissen Toleranz bedarf. ❷ Und weil Sie auch ganz richtig sagen, dass man sich nicht lieben muss, um gut miteinander zusammenzuarbeiten, muss es doch wohl möglich sein, dass Sie die Eigenarten von Frau Strobel tolerieren und mit ihr einen modus vivendi finden.

Kessler: Einen was?

Braunstein: Einen Modus der Zusammenarbeit. Im Grunde haben Sie ja selber alle Punkte aufgezählt, die dafür entscheidend sind – das *muss* demnach doch klappen!

Kessler: Aber – *so* habe ich das nicht gemeint!

Welche Fallen stellt Braunstein für Frau Kessler auf und führt sie damit in die Enge?

Lösung: So bewertet der Experte

Braunstein versucht, mit Frau Kessler eine Art Abkommen auszuhandeln, bei dem sie sich bereit erklärt, selbst für »gute Zusammenarbeit« zu sorgen. Der eigentliche Konflikt wird dabei bewusst nicht angetastet.

❶ *Wie wichtig ist denn Zusammenarbeit für Sie?*
Braunstein benutzt hier die sog. Konsistenzfalle. Er versucht im ersten Schritt, Frau Kessler auf einige Aussagen festzulegen – das macht er durch geschicktes Fragen (oft Ja-Nein-Fragen).

❷ *Und weil Sie auch ganz richtig sagen, dass man sich nicht lieben muss, um gut miteinander zusammenzuarbeiten ...*
Im zweiten Schritt der Konsistenzfalle nimmt Braunstein Martina Kessler in die Pflicht, die Folgerungen, die sich aus diesen Aussagen ergeben, zu bejahen. Um nicht widersprüchlich zu sein, so Braunsteins Kalkül, muss Frau Kessler seiner Position zustimmen, nämlich, dass es möglich sein muss zusammenzuarbeiten.

Dialog 2: Das Honorar – Teil 1

Klaus Hornstein soll in Zukunft freiberuflich für Big!Bang arbeiten. Die Verhandlungen über das Honorar führt Tim Fiedler, der in diesem Bereich als gewieft gilt.

❶ **Fiedler:** Also das sag ich Ihnen gleich vorweg, mehr als 500 Euro Tagessatz können Sie bei uns nicht erwarten.

Hornstein: Oh! Also eigentlich hatte ich an 800 Euro gedacht.

❷ **Fiedler:** Ich erklär Ihnen vielleicht erst mal, worauf's mir ankommt. Nämlich auf ein Honorar, das sich für uns in erträglichen Grenzen bewegt, und auf die exklusive Arbeit für uns. Das heißt, wenn wir Sie brauchen, müssen Sie uns zur Verfügung stehen.

Hornstein: Ich kann mich doch als Freiberufler nicht nur an Sie binden. Ich weiß ja gar nicht, wie viele Aufträge von Ihnen kommen.

❸ **Fiedler:** Das hängt ganz von Ihrer Arbeit ab. Aber gut, ich verzichte auf die Exklusivitätsbedingung. Beim Honorar erwarte ich dann natürlich ein entsprechendes Entgegenkommen.

Fiedler schlägt hier keinen besonders netten Ton an. Wie versucht er, Hornstein über den Tisch zu ziehen?

Lösung: So bewertet der Experte

Tim Fiedler macht seinem Ruf alle Ehre. Er gibt bei dieser Verhandlung den Ton an.

❶ *Also das sag ich Ihnen gleich vorweg, mehr als 500 Euro Tagessatz können Sie bei uns nicht erwarten.*

Hier ist der Betrag kein einfacher Anker mehr: Fiedler startet das Gespräch mit einem Paukenschlag. Wir nennen das »Starker-Mann-Taktik«: Fiedler versucht von vornherein vehement, eine scheinbar unveränderbare Position zu markieren.

❷ *... worauf's mir ankommt. Nämlich auf ein Honorar, das sich für uns in erträglichen Grenzen bewegt, und auf die exklusive Arbeit für uns.*

Der Beginn der so genannten Gegenseitigkeitstaktik: Er stellt zunächst gleich zwei Bedingungen, um später »großzügig« auf eine verzichten zu können.

❸ *... ich verzichte auf die Exklusivitätsbedingung. Beim Honorar erwarte ich dann natürlich ein entsprechendes Entgegenkommen.*

Der zweite Teil der Gegenseitigkeitstaktik: Er macht nun ein Zugeständnis und erwartet im Gegenzug ein entsprechendes Angebot. Dadurch, dass er also den Anschein erweckt, als würde er Hornstein die Exklusivitätsbedingung »schenken«, drängt er ihn dahin, auf seine Position »500 Euro« einzulenken.

Dialog 3: Das Honorar – Teil 2

Ganz glücklich ist Hornstein mit den Honorarverhandlungen nicht, aber er glaubt sie schon abgeschlossen. Doch gegen Abend bekommt er einen Anruf.

Hornstein (*hebt ab*)**:** Hornstein?

Fiedler: Ah – Herr Hornstein, gut dass ich Sie erwische.

Hornstein: Guten Tag, Herr Fiedler.

❶ **Fiedler:** Ich hab noch eine Kleinigkeit für den Vertrag zu besprechen. Wir bräuchten von Ihnen noch die Zusage, dass Sie unserem Unternehmen mindestens 15 Tage im Monat zur Verfügung stehen.

Hornstein: Aber diese Exklusivitätsbedingung haben wir doch beim letzten Mal gestrichen?

Fiedler: Es bleiben ja noch 15 Tage, in denen Sie für andere Unternehmen arbeiten können.

Hornstein: Da habe ich nun wirklich kein gutes Gefühl!

❷ **Fiedler:** Herr Hornstein! Wir haben uns nun schon auf 550 Euro als Tagessatz geeinigt. Mit diesem Angebot hab ich schon die offizielle Linie überschritten, die von der Geschäftsführung vorgegeben ist. Also entweder gehen Sie jetzt auf die kleine Änderung ein oder Sie riskieren noch mal neue Verhandlungen. Dann müssen Sie allerdings direkt mit unserer Leitung sprechen, weil ich in den nächsten Tagen nicht da bin. So liegt die Sache. Und?

Hornstein: So eine nachträgliche Änderung, das ist doch –

❸ **Fiedler:** Wir haben Texter, die arbeiten für 400 Euro und exklusiv nur für uns. Sie erhalten das Maximum.

Hornstein: Also gut. Aber die 15 Tage werden mir dann auch garantiert, wenn ich sie schon für Sie frei halte?

Fiedler: Das können wir natürlich nicht versprechen. Aber Sie werden schon gut dabei wegkommen. Also dann Tschüss.

Hornstein (*nachdenklich*)**:** Tschüss. (*legt auf*)

Jetzt verhandelt der alte Fuchs nach. Verhält Fiedler sich dabei wenigstens fairer als in der ersten Runde?

Lösung: So bewertet der Experte

Obwohl Fiedler Hornstein bereits beim Honorar empfindlich heruntergehandelt hat, versucht er aus seiner starken Position noch weitere Vorteile herauszuschlagen.

❶ *Ich hab noch eine Kleinigkeit für den Vertrag zu besprechen. Wir bräuchten von Ihnen noch die Zusage ...*
Fiedler hofft, durch das Nachverhandeln die Exklusivitätsbedingung auch noch in den Vertrag zu bekommen: Er tarnt sein Anliegen als bloße Kleinigkeit – dabei war das die Voraussetzung, weshalb Klaus Hornstein auf das niedrige Honorar eingegangen ist. Der scheint sich in dem Moment nicht richtig zu wehren.

❷ *Herr Hornstein! Wir haben uns nun schon auf 550 Euro als Tagessatz geeinigt. Mit diesem Angebot hab ich schon ...*
Hier benutzt Fiedler eine Variante der klassischen Gut-und-Böse-Taktik. Er, Fiedler, meint es nur gut mit seinem Gegenüber;

die Leitung wäre nicht so nachgiebig – deshalb sollte Hornstein auf Fiedlers Wunsch einschwenken

❸ *Wir haben Texter, die arbeiten für 400 Euro und exklusiv nur für uns. Sie erhalten das Maximum.*
Dieses Kontrastprinzip funktioniert so: »Im Vergleich zu den anderen Textern stehen Sie gut da. Kein Grund also sich zu beklagen.« Das ganze Gespräch über propagiert Fiedler, dass Hornstein alle Vorteile genießt und mit diesem Vertrag einen tollen Deal macht. Widerspruch wäre undankbar bei diesen Privilegien.

Dialog 4: Der Betriebsrat – Teil 7

Peter Sauertopf und Carla Conrad sind immer noch etwas beunruhigt, dass Hans Körner tatsächlich einen Betriebsrat gründen könnte. Sie bitten ihn zu einem Gespräch.

Conrad: Herr Körner, uns ist zu Ohren gekommen, dass Sie sich darum bemühen, eine Betriebsrat bei uns einzuführen.

Körner: So ist es. Ich freu mich, dass Sie mich darauf ansprechen, vielleicht könnten Sie als Leitung mich ja bei dem Projekt unterstützen. Das wäre ein super Signal für die ganze Belegschaft.

Sauertopf: Ich glaube Sie träumen, Körner. Wir möchten, dass Sie die Aktion stoppen.

❶ **Körner:** Aber das geht doch nicht! Wie stehe ich denn da vor all den anderen? Nein, unmöglich.

❷ **Conrad:** Wie könnten wir Ihnen denn so einen Rückzug angenehmer machen?

Sauertopf: Also Moment mal. Ich persönlich bin der Meinung, Sie sollten sich mehr um Ihre eigentliche Arbeit kümmern. ❸ Sie wissen, in unserer Branche stehen genug Leute auf der Straße.

Körner: Wollen Sie mir irgendwie drohen?

Conrad: Aber Herr Körner, natürlich nicht. Es ist nur so, dass in unserem Partnerunternehmen demnächst eine Stelle für einen Projektleiter frei wird. Und mich interessiert, ob Sie sich so was vielleicht vorstellen könnten.

Körner: Wollen Sie mich abschieben?

Conrad: Um Gottes Willen, nein. Wir suchen nach den fähigsten Leuten für diese Position. ❹ Allerdings müssten Sie sich heute noch entscheiden.

Körner: Heute?

Conrad: Ja, geht leider nicht anders.

Körner: Puh!

Welche Taktiken werden in dieser Pokerrunde eingesetzt?

Lösung: So bewertet der Experte

In dieser Verhandlung werden die Karten offen auf den Tisch gelegt. Alle drei agieren manipulativ und sind sich dessen bewusst.

➊ *Aber das geht doch nicht! Wie stehe ich denn da vor all den anderen? Nein, unmöglich.*

Körner macht darauf aufmerksam, dass seine Glaubwürdigkeit in Frage steht, wenn er einen Rückzieher macht. Damit stärkt er seine Position.

➋ *Wie könnten wir Ihnen denn so einen Rückzug angenehmer machen?*

Carla reagiert klug mit einer Frage, die klar macht, dass Körner und sie selbst sich auf das Manipulationsspiel einlassen und sich einigen könnten. Sie meint eigentlich: »Hat Ihre Glaubwürdigkeit einen Preis?«

➌ *Sie wissen, in unserer Branche stehen genug Leute auf der Straße.*

Sauertopf ist da weniger diplomatisch: Er baut mit Hilfe des Kontrastprinzips ein kleines Drohszenario auf. Körner spricht die Taktik an – Wollen Sie mir irgendwie drohen? – und bleibt so in der starken Verhandlungsposition.

➍ *… Allerdings müssten Sie sich heute noch entscheiden.*

Carla nutzt ein klassisches Knappheitsargument. Sie weist darauf hin, dass das Angebot nur für eine begrenzte Zeit gilt. Dadurch soll Druck auf Körner erzeugt werden.

Dialog 5: Das Honorar – Teil 3

Hornstein hat inzwischen gemerkt, dass er sich von Fiedler über den Tisch hat ziehen lassen. Er ruft ihn noch mal an.

Fiedler: Hallo, Herr Hornstein. Was gibt es denn noch?

Hornstein: Herr Fiedler, ich habe mir die Sache noch mal durch den Kopf gehen lassen. Die Bedingungen, bei denen wir jetzt gelandet sind, sind für mich eigentlich unakzeptabel. Wenn ich Ihnen die Sache aus meiner Sicht darlegen darf ...

❶ **Fiedler:** Tut mir echt Leid, aber ich hab nicht viel Zeit – Sie wissen ja, ich muss ein paar Tage weg. Sie können natürlich mit der Leitung noch mal neu verhandeln. Allerdings ist, so viel ich weiß, immer noch einer Ihrer Kollegen für den Auftrag im Gespräch.

❷ **Hornstein:** Das Risiko muss ich eingehen. Tagessatz 550 Euro und dann noch 15 Tage im Monat für Sie zur Verfügung stehen, ohne dass auch wirklich Aufträge garantiert werden, das ist für mich nicht machbar. Aber ich will Sie nicht weiter aufhalten. Wir können ja zu einem anderen Zeitpunkt –

Fiedler: Aber hören Sie, wir haben eine mündliche Vereinbarung! Ich dachte, ich kann mich auf Sie verlassen?

❸ **Hornstein:** Ich habe mich bei unserer ersten mündlichen Vereinbarung finanziell schon weit runterhandeln lassen. Sie haben danach noch mal neue Bedingungen nachgeschoben.

Fiedler: Also gut. Mein Vorschlag: Wir streichen das mit den 15 Tagen wieder. Einverstanden?

Hornstein: In Ordnung.

Was macht Hornstein gut?

Lösung: So bewertet der Experte

Die Bedenkzeit zwischen den Telefonaten hat Hornstein dazu genutzt, die Verteidigung seiner Position gut vorzubereiten.

❶ *... Sie wissen ja, ich muss ein paar Tage weg. Sie können natürlich mit der Leitung noch mal neu verhandeln ...*

Fiedler reagiert auf Hornsteins selbstbewussteres Auftreten mit einem ganzen Bündel von Taktiken, um ihn an irgendeiner Stelle wieder zu erwischen und »gefügiger« zu machen: Er baut Zeitdruck auf, er verweist auf die hart verhandelnde Geschäftsleitung und auf einen Mitbewerber – »einer Ihrer Kollegen«, diese Bezeichnung soll Hornstein zusätzlich verunsichern.

❷ *Das Risiko muss ich eingehen ...*

Hornstein lässt sich dieses Mal jedoch nicht von Fiedler kleinkriegen. Er zeigt sich von dessen Taktiken unbeeindruckt. Vielmehr präsentiert er sich mit klaren Vorstellungen. Im Sinne seiner Anliegen geht Hornstein auch das Risiko ein, dass die Verhandlung scheitert. Das will Fiedler letzten Endes nicht riskieren. Deshalb schwenkt er ein.

❸ *... Sie haben danach noch mal neue Bedingungen nachgeschoben.*

Hornstein beschreibt präzise, was ihm an der Vorgehensweise von Fiedler nicht gefallen hat. Dabei bleibt er im Grunde kooperativ. Auch das bringt Tim Fiedler dazu einzulenken, bevor er in der Verhandlung möglicherweise noch schlechter wegkommt. In seiner jetzigen Position zeigt sich Hornstein nicht mehr in seinem Sinne beeinflussbar.

Dialog 6: Neue Räume

Big!Bang hat zwei zusätzliche Räume im Bürogebäude angemietet. Die Frage ist: Wofür werden sie am besten genutzt? Um das zu klären, findet eine Gruppensitzung statt.

❶ **Oppelt:** Super, echt, das mit den neuen Räumen. Wir sind schon heftig am planen, wer und wo und wie –

Conrad: Moment mal, Ben. Wir kommst du darauf, dass die für die Kreativabteilung vorgesehen sind?

Oppelt: Bei uns platzt alles aus allen Nähten. Wir wissen nicht mal mehr, wo wir unsere Belegexemplare stapeln sollen – und jetzt mit der neuen Praktikantin, die hat nicht mal einen Schreibtisch!

Braunstein: Ich hatte eigentlich gedacht, dass da ein Sitzungszimmer reinkommt. Es ist zu peinlich, wenn man mit den Kunden immer so zwischen Tür und Angel verhandeln muss.

❷ **Conrad:** O.K., ich schreib mal mit, was ihr alles so für Ideen für den neuen Raum habt: Platz für Ablage, Arbeitsplatz für Praktikantin, Sitzungszimmer – sonst noch was? (*Pause*) Was ist denn mit Ihrem Assistentinnenzimmer, Herr von Braunstein? Wäre da nicht auch Bedarf da?

Braunstein: Wieso?

Conrad: Na, die beiden Kolleginnen scheinen ja doch heftige Probleme miteinander zu haben?

Braunstein: Öh – ja – woher wissen Sie davon?

Conrad: Also offen gestanden ist das mittlerweile Thema im ganzen Haus.

Braunstein: Ja – stimmt natürlich. Ich wollte der Sache bisher nicht zu viel Gewicht beimessen. Die sollen sich gefälligst zusammenreißen. Aber wenn Sie meinen –

❸ **Conrad:** Mein Vorschlag: Eine der beiden Assistentinnen, vielleicht Frau Strobel, zieht mit ihrem Arbeitsplatz in den kleineren der neuen Räume. Dafür kommt der Schreibtisch der Praktikantin ins Assistentinnenzimmer und dazu das Archiv der Kreativabteilung – die ist ja gleich daneben, das geht also vermutlich ganz gut. Und der größere Raum wird das Sitzungszimmer – das brauchen wir wirklich dringend.

Dass Carla Conrad sehr souverän mit Manipulationen umgeht, hat sie schon die ganze Zeit bewiesen. Wie schafft sie es diesmal?

Lösung: So bewertet der Experte

Hier zeigt Carla Conrad, dass in einer Verhandlung trotz unterschiedlicher Interessen und einiger Manipulationsversuche eine gemeinsame Lösung gefunden werden kann.

❶ *Super, echt, das mit den neuen Räumen. Wir sind schon heftig am planen ...*

Oppelt prescht vor und versucht die neuen Räume gleich für sich und seine Abteilung zu reklamieren. Carla aber akzeptiert diese Selbstverständlichkeit nicht, sondern fragt nach und rollt das Thema für eine Diskussion auf.

❷ *O.K., ich schreib mal mit, was ihr alles so für Ideen für den neuen Raum habt ...*

Carla geht hier sehr klug vor, sie sammelt alle Anliegen der Besprechungsteilnehmer und nimmt sie zur Kenntnis. Sollte sie von Anfang an den Streit zwischen Strobel und Kessler im Kopf gehabt haben, wird sich so keiner von ihr übergangen oder manipuliert fühlen.

❸ *Mein Vorschlag: Eine der beiden Assistentinnen, vielleicht Frau Strobel, zieht mit ihrem Arbeitsplatz in den kleineren der neuen Räume ...*

Danach macht Carla einen Vorschlag, wie die Anliegen aller Beteiligten unter einen Hut gebracht werden könnten. Oppelts Versuch, die Räume für seine Abteilung zu beanspruchen, haben sie so wenig irritiert wie Braunsteins Herunterspielen des Konflikts zwischen seinen Assistentinnen.

Praxistipps

- Die Ködertaktik abwehren
  Es ist entscheidend zu testen, wie wichtig die vom Gesprächspartner genannten Punkte wirklich sind. Möglicherweise spielen einige davon gar keine Rolle für ihn. Er hat sie lediglich in die Diskussion gebracht, um später besonders kooperativ und großzügig zu wirken und von Ihnen im Gegenzug ebenso Verzicht auf Positionen fordern zu können. Lassen Sie sich also erläutern, warum Ihr Gegenüber auf bestimmte Punkte so großen Wert legt. Dazu können Sie den Präzisierungstrichter im Kapitel »Elegante Abwehrtechniken« verwenden (s. dort Abschnitt »Das Gespräch versachlichen: der Präzisierungstrichter«). Durch den entstehenden Argumentationsdruck entlarvt sich der Manipulator häufig. So kommt man dahinter, worum es dem Gesprächspartner wirklich geht.
- Die Konsistenzfalle abwehren
  Bei dieser Taktik versucht der Manipulator das Gespräch so zu lenken, dass wir uns scheinbar in einen Widerspruch verstricken und Positionen zustimmen, die wir gar nicht vertreten wollten. Der beste Schutz besteht auch hier in der Kenntnis der Falle. Darüber hinaus kündigt sich diese Taktik häufig durch etwas seltsames Fragen seitens des Manipulators an: Sie wissen zwar noch nicht genau, in welche Richtung die Fragen zielen, haben aber bereits das Gefühl, dass der Fragesteller auf eine bestimmte Antwort hinaus möchte. Wenn Sie merken, dass er Sie auf immer mehr Aussagen festlegt,

ist das ein gutes Signal dafür, dass Vorsicht geboten ist. Fragen Sie den Manipulator einfach, zu welchem Zweck er diese Fragen stellt.

Eine weitere Schutzmöglichkeit besteht darin zu verdeutlichen, dass die eigentliche Position, auf die Sie der Manipulator festlegen möchte, gar nicht aus dem ursprünglichen Prinzip folgt, dem Sie bereitwillig zugestimmt haben.

- Die Nachverhandlungstaktik abwehren

  Der Manipulator fordert nach bereits abgeschlossen scheinenden Verhandlungen, noch einmal angeblich kleine Veränderungen. Im Grunde müssten die Verhandlungen neu gestartet werden – doch das liegt nicht immer im eigenen Interesse. Checken Sie folgende Aspekte: Inwiefern berührt der Wunsch meines Verhandlungspartners eines meiner wichtigen Kernanliegen? Könnte ich den Wunsch erfüllen, ohne dass für mich ein Verlust entsteht? Sie sollten auf alle Fälle nicht sofort reagieren und die Konsequenzen des Änderungswunsches genau durchdenken. Eventuell lohnt es sich, ein Gegengeschäft vorzuschlagen, das heißt die Situation für einen Deal zu nutzen. Nehmen Sie die Gelegenheit zu Ihrem eigenen Vorteil wahr, wenn jemand nachverhandeln will.

  Im schlimmsten Fall muss man anbieten, die Verhandlungen einfach neu aufzurollen. Auch der anderen Seite wird dies natürlich unangenehm sein – damit hat niemand gerechnet. Eventuell kommt es daher zu einem Rückzug des Änderungswunsches.

- Das Kontrastprinzip abwehren
  Wenn Ihnen das Kontrastprinzip begegnet, Ihnen jemand also auffallend weit auseinander liegende Positionen unterbreitet, wählen Sie ganz bewusst einen anderen Vergleichspunkt. Fragen Sie sich, ob Sie sich für die Sache entscheiden würden, wenn Sie diese isoliert betrachten würden. Das hilft dabei, zu einer Entscheidung zu kommen, die nicht von Wahrnehmungskontrasten beeinflusst ist.
- Die Starker-Mann-Taktik abwehren
  Mit dieser Taktik versucht der Manipulator von Beginn an eine Atmosphäre der Einschüchterung zu schaffen. Es soll danach aussehen, als gäbe es keinerlei Verhandlungsspielraum für Sie. Am besten ist es, sich gar nicht auf die hartleibigen Äußerungen einzulassen. Konzentrieren Sie sich auf die inhaltlichen Anliegen, die Sie mit Ihrem Gegenüber besprechen möchten. Auf diese Weise läuft die Einschüchterungstaktik ins Leere.
- Den Glaubwürdigkeitstrick abwehren
  Der Manipulator macht Ihnen klar, dass er bei einer bestimmten Personengruppe im Wort steht. Wenn Sie als Gegenpartei nun auf Ihrem Standpunkt beharren, würden Sie ihn dazu zwingen, sein Wort zu brechen. Der Trick ist umso wirkungsvoller, je besser ihr Verhältnis zueinander ist. Niemand mutet einem anderen gern einen Gesichtsverlust zu.
  Wichtig ist bei der Abwehr dieser Taktik, dass Sie die eigene Sache weiterverfolgen und verteidigen – lassen Sie sich nicht moralisch unter Druck setzen. Sprechen Sie gegebenenfalls

den drohenden Gesichtsverlust an, vertreten Sie dabei aber die eigene Position weiter. Reden Sie direkt darüber, wie man den drohenden Gesichtsverlust vermeiden könnte.

- Den »Das ist mein letztes Angebot«-Trick abwehren. Dazu die besten Schutzmechanismen im Überblick:
  - eigene Anliegen deutlich machen und verteidigen
  - Fragen stellen
  - kreative Lösung vorschlagen
  - Schmerzgrenze überlegen
  - Ausstiegsoption planen
- Die Verzettelungstaktik abwehren
  Achten Sie darauf, die Hauptthemen von den Detailthemen zu trennen. Die Themen müssen benannt und markiert werden, aber zunächst muss an der Hauptargumentationslinie gearbeitet werden. Man sollte also ganz deutlich darauf aufmerksam machen, dass alle Detailfragen im Moment zwar gesammelt, aber erst zu einem späteren Zeitpunkt besprochen werden.
- Die Gut-und-Böse-Taktik abwehren
  Hier gibt wie im Krimi einer der Verhandlungspartner den Guten, einer den Bösen, oder der Verhandlungspartner droht mit dem nicht anwesenden Chef. Sie ignorieren die Taktik einfach, sobald Sie sie bemerkt haben und machen gnadenlos auf sachlicher Ebene weiter. Benennen Sie die Taktik und verlangen Sie eine Klärung der Autorität. (»Mit wem von Ihnen soll ich jetzt eigentlich verhandeln?")

- Den Knappheitstrick abwehren
  Der beste Schutz ist, sich gerade hier nicht unter Druck setzen zu lassen. Wenn Sie merken, dass jemand versucht Sie durch ein Knappheitsszenario zu einer raschen Entscheidung zu verleiten, dann verlangsamen Sie ganz bewusst das Tempo. Denn die suggerierte Knappheit besteht meistens nur vermeintlich. Eine weitere Schutzmaßnahme liegt darin, die Knappheitssituation für einen Deal zu nutzen. Das heißt: Im Gegenzug für Ihre rasche Entscheidung schlagen Sie ein Gegengeschäft vor oder verlangen ein Zugeständnis.

Unfreundliche Attacken

Ist die Trickkiste erst einmal leer, scheut so mancher Manipulator nicht vor drastischeren Maßnahmen zurück. Er versucht, seinem Gegenüber einfach ein direktes K.O. zu verpassen – und da seine Waffe die Sprache ist, nutzt er diese für persönliche Angriffe. Beleidigend, provozierend, offen unfair oder betont unsachlich können diese Attacken sein. Im Mittelpunkt steht stets die Strategie, die Person selbst zu treffen und ihren Charakter zu diffamieren.

Wer auf diese Angriffe emotional reagiert, tut genau das, worauf es der Manipulator abgesehen hat. Aber das muss nicht so sein!

Dialog 1: Es knallt

Im Zimmer von Braunsteins Assistentinnen ist die Luft dicker denn je.

Kessler: Könnten Sie das Fenster vielleicht wieder schließen! Mir ist kalt!

➊ **Strobel:** Mein Gott, so eine Mimose. Dann machen Sie es halt wieder zu!

➊ **Kessler:** Das machen Sie mit Absicht!

Strobel: Was?

Kessler: Na, Ihr Verhalten.

Strobel: Ausgerechnet Sie beschweren sich über mein Verhalten! Dabei sind Sie es doch, die den ganzen Tag meckert. ➋ Sie haben doch so einen Frust! Schauen Sie doch einfach mal, dass Ihr Liebesleben ein bisschen in Schwung kommt, dann müssen Sie hier nicht so rumnerven.

Kessler (*entrüstet*): Mein – ich führe eine gute Ehe! Außerdem geht Sie mein Liebesleben wirklich nichts an.

Strobel: Ist mir ja eigentlich auch piepegal. Aber so wie Sie sich aufführen, das kann man mit Wechseljahren allein ja wohl nicht mehr begründen!

Kessler: Also das ist doch wohl – Unverschämtheit!

Sie geht raus und knallt die Tür zu.

Da geht nichts mehr. Mit diesem Ton können Frau Kessler und Frau Strobel nie zueinander finden. Welche Mittel setzen die beiden ein?

Lösung: So bewertet der Experte
Frau Kessler und Frau Strobel geben sich keine Mühe mehr, sachlich zu argumentieren. Das Motto heißt: Feuer frei!

❶ *Strobel: Mein Gott, so eine Mimose. Dann machen Sie es halt wieder zu! Kessler: Das machen Sie mit Absicht!*
Im Grunde besteht der ganze Dialog aus kleinen und größeren direkten Attacken gegen die jeweils andere Person. Frau Strobel tut Frau Kesslers Anliegen als mimosenhaft und damit unbedeutend ab. Frau Kessler kontert mit der Unterstellung böser Absichten. Es geht beiden nur noch darum, die jeweils andere Person zu treffen und zu verletzen.

❷ *...Sie haben doch so einen Frust! Schauen Sie doch einfach mal, dass Ihr Liebesleben ein bisschen in Schwung kommt ...*
Die Steigerung ist Programm: Vom Vorwurf, empfindlich zu sein, geht es direkt weiter in zutiefst private Bereiche, die sonst in Diskussionen tabu sind. Hier lassen die persönlichen Angriffe die Situation eskalieren. Dabei steht keine der anderen in puncto Anfeindungen und böswilligen Unterstellungen nach.

Dialog 2: Die Besprechung

Sorge um Unzufriedenheit unter den Mitarbeitern hat die Chefetage auf die Idee gebracht, Mitarbeitergespräche einzuführen. Fiedler hat bei der Besprechung Hesselbach im Visier.

Sauertopf: Kommen wir gleich zur Sache, meine Herren: Sollen wir Mitarbeitergespräche einführen? Ihre Meinung. Bitte – Herr Hesselbach.

Hesselbach: Ich könnte mir das ganz gut vorstellen, sich ein bisschen Zeit für seine Mitarbeiter zu nehmen.

❶ **Fiedler:** Ja, wenn man so viel Zeit hat wie Sie ...

Hesselbach: Wie meinen Sie das, Fiedler?

Fiedler: Ooch, ich sehe Sie oft drüben im Cafe Moser sitzen.

❷ **Hesselbach:** Sie scheinen ja dann auch öfters dort vorbeizukommen?

Sauertopf: Also jetzt lassen Sie uns doch zum Thema zurückkehren. Mitarbeitergespräch. Wie könnte man so was denn überhaupt aufziehen?

Hesselbach: An unserer Business School haben wir mal ein Konzept entwickelt, das könnte ich –

Fiedler: Wahrscheinlich wieder so ‚n typischer Universitätskram, ohne Praxisbezug.

❸ **Hesselbach:** Machen Sie doch einen Gegenvorschlag.

Fiedler: Gern!

Sauertopf: O.K., dann vereinbaren wir: Hesselbach und Fiedler stellen uns beim nächsten Treffen jeweils ein Konzept vor. Und am besten sprechen Sie sich dazu vorher ab.

Kann Hesselbach den Attacken etwas entgegensetzen?

Lösung: So bewertet der Experte

Fiedler legt es von Anfang an darauf an, Hesselbach in Gegenwart von Sauertopf in ein schlechtes Licht zu rücken. Doch Hesselbach lässt sich nicht aus der Ruhe bringen.

❶ *Ja, wenn man so viel Zeit hat wie Sie ...*

Fiedler greift Hesselbach eher indirekt an. Er versucht, ihn im gleichen Zug als »faul« zu diffamieren (»ich sehe Sie oft drüben im Cafe Moser sitzen«) und unglaubwürdig erscheinen zu lassen.

❷ *Sie scheinen ja dann auch öfters dort vorbeizukommen?*

Hesselbach lässt sich das nicht gefallen. Er kontert mit einem kleinen Gegenangriff. Das ist eine typische Art und Weise, wie Angriffen gegen die Person oft begegnet wird – hier zum Vorteil Hesselbachs, da seine Reaktion witzig und entlarvend ist. Zudem bleibt er ruhig.

❸ *Machen Sie doch einen Gegenvorschlag.*

Hesselbach bleibt weiterhin ruhig. Seine Einladung, einen Gegenvorschlag zu machen, ist sehr klug: Er geht er nicht auf die Provokation ein und lenkt so die Aufmerksamkeit wieder auf die sachlichen Inhalte. Das setzt Fiedler unter Druck, seine sachliche Kompetenz unter Beweis zu stellen.

Dialog 3: Die Rivalen unter sich

Fiedler und Hesselbach treffen sich, um die Konzeptvorstellung abzusprechen. Die Atmosphäre ist wie erwartet eisig.

Fiedler: Also, ich hab mir ihre Unterlagen angesehen – das wollen Sie ja wohl nicht ernsthaft vorstellen?

❶ **Hesselbach:** Was gefällt Ihnen daran nicht?

Fiedler: Da stimmt's hinten und vorn nicht.

❷ **Hesselbach:** Ah ja? Und was ist Ihnen noch aufgefallen?

Fiedler (*schnaubt*): Also –

❶ **Hesselbach:** Herr Fiedler – was konkret stimmt denn in Ihren Augen nicht?

Fiedler: Ich sage nur: Passen Sie auf, dass Sie sich mit diesem (*verächtlich*) Konzept nicht selbst ein Bein stellen!

❸ **Hesselbach:** Stopp, Herr Fiedler. Sie haben mich jetzt schon mehrmals persönlich angegriffen. Ich krieg langsam das Gefühl, Sie haben was gegen mich. Was ist los?

Fiedler: Da missverstehen Sie was. Entwickeln Sie jetzt keinen Verfolgungswahn. Hier geht es allein um die Sache!

❹ **Hesselbach:** Ich kann mit Ihrer Kritik nur was anfangen, wenn Sie mir ein paar konkrete Punkte nennen. Und darum möchte ich Sie jetzt wirklich bitten.

Fielder: Klar. Können Sie haben. (*Pause*)

Hesselbach: Ja?

Fiedler: Na ja, so aus dem Stand geht das natürlich nicht. Da müssen Sie mir schon ein bisschen Zeit geben …

Wie entzieht sich Hesselbach den persönlichen Attacken Fiedlers?

Lösung: So bewertet der Experte

Hesselbach wird von Fiedler wieder massiv angegangen. Er begeht jedoch nicht den Fehler sich zu rechtfertigen, sondern geht clever vor.

❶ *Was gefällt Ihnen daran nicht? ... / Herr Fiedler – was konkret stimmt denn in Ihren Augen nicht?*
Anstatt sich sofort zu verteidigen, reagiert Hesselbach eher wie ein riesiger Wattebausch, in den ein großer Felsbrocken hineinplumpst. Er verschluckt den Felsen, indem er einfach Fragen stellt.

❷ *Ah ja? Und was ist Ihnen noch aufgefallen?*
Als Fiedler zur scharfen persönlichen Attacke übergeht, lässt Hesselbach ihn mit einer überraschenden Taktik gnadenlos auflaufen: Er reagiert auf den Angriff Fiedlers auf eine Weise, als hätte dieser sachliche Kritik vorgebracht.

❸ *Stopp, Herr Fiedler. Sie haben mich jetzt schon mehrmals persönlich angegriffen.*
Hesselbach unterbricht das Gespräch und spricht direkt an, was er an Verhaltensweisen wahrnimmt im Gespräch mit Herrn Fiedler. Diese Methode nennt man »Aus der Situation treten«.

❹ *Ich kann mit Ihrer Kritik nur was anfangen, wenn Sie mir ein paar konkrete Punkte nennen. Und darum möchte ich Sie jetzt wirklich bitten.*
Geschickt kehrt Hesselbach nach seinen schlagfertigen Kontern auf die Sachebene zurück. Damit gibt er Fiedler noch eine Chance, sachlich mit ihm zu diskutieren.

Dialog 4: Das Mitarbeitergespräch

Die Leitung von Big!Bang überlegt, Mitarbeitergespräche einzuführen. Dazu holt Carla Conrad Meinungen ein.

Conrad: Liebe Kollegen, eure Meinungen bitte.

Körner: Ich bin absolut dafür. Denn dadurch hat der Einzelne die Möglichkeit, seine Bedürfnisse mal zu äußern.

❶ **Fiedler:** Kein Wunder! Der Körner als hoffnungsvoller Betriebsrat in spe, der muss ja so was sagen. Gewerkschaftsmitglied sind Sie ja auch.

Körner: Was hat das jetzt damit zu tun? Ich halte Mitarbeitergespräche rein sachlich für ein gutes Instrument.

❷ **Fiedler:** Ich kann mich erinnern, in einem unserer letzten Gespräche haben Sie genau das Gegenteil behauptet.

Körner: Da müssen Sie sich täuschen.

❸ **Fiedler:** Ich täusche mich nie.

Carla: Ich glaube, so kommen wir nicht weiter. Herr Fiedler, was sagen Sie denn dazu?

Fiedler: Ich will ganz offen sein: Meinen Erfahrungen nach sind diese Mitarbeitergespräche nichts weiter als vertane Zeit. Ich habe so was in anderen Betrieben schon oft genug erlebt. Dieses ständige Gequatsche – nichts wird davon besser. Wenn ein Unternehmen so was einführt, entscheidet es sich letztendlich für hoch bezahlten Leerlauf.

Conrad: Ähm – also, das ist ja immerhin eine sehr dezidierte Meinung, Herr Fiedler.

Wie funktioniert Fiedlers Angriff auf die Unparteilichkeit Körners?

Lösung: So bewertet der Experte

Fiedlers Attacken auf Körner bleiben zwar relativ wirkungslos, aber er schafft es, immer wieder, dessen Charakter in ein negatives Licht zu rücken. Körner wehrt sich redlich.

❶ *Der Körner als hoffnungsvoller Betriebsrat in spe, der muss ja so was sagen. ...*

Fiedler greift die Unparteilichkeit Körners an. Als Betriebsrat in spe und als Gewerkschaftsmitglied sei es für ihn – so die Implikation – unmöglich, eine wirklich neutrale Position zu beziehen. Auch wenn Körner ganz ruhig widerspricht: Die Attacke hinterlässt trotzdem einen schalen Beigeschmack und das Opfer sieht seine Integrität auf dem Prüfstand.

❷ *Ich kann mich erinnern, in einem unserer letzten Gespräche habe Sie genau das Gegenteil behauptet.*

Im zweiten Teil des Dialogs diffamiert Fiedler Körners Charakter – er unterstellt ihm, dass er sich mindestens opportunistisch verhält, wenn nicht sogar lügt.

❸ *Ich täusche mich nie.*

Körners Versuch, sich zu verteidigen – »Da müssen Sie sich täuschen.« – schmettert Fiedler arrogant ab. Er impliziert, dass Körner für ihn kein akzeptabler Diskussionspartner ist.

Praxistipps

- Angriffe auf die Person abwehren
  Sie sollten versuchen, so schnell wie möglich auf die sachliche Ebene des Gesprächs zurückzukehren. Sie können beispielsweise zeigen, dass die Kritik Ihres Gesprächspartners für die Diskussion keine Rolle spielt (»Was Sie hier ansprechen, hat mit der Sache nichts zu tun.«)
  Oder Sie ignorieren den persönlichen Angriff. In diesem Fall sollten Sie klarmachen, dass Sie die Taktik wahrgenommen haben und ablehnen, aber sich nicht darauf einlassen. (Siehe auch den Abschnitt »Der Angriff auf die Person« im Kapitel »Argumentationsfallen und Scheinargumente«.)
- Aus der Situation treten
  Besonders bei rabiaten Angriffen auf die Person, kann die Methode »Aus der Situation treten« sinnvoll sein. Zunächst müssen Sie das Gespräch klar und deutlich unterbrechen. Dann sprechen Sie den Manipulationsversuch direkt an und begründen die Unterbrechung damit. Schließlich machen Sie selbst einen Vorschlag, wie es weitergeht oder Sie bitten Ihren Gesprächspartner darum. Dadurch soll verhindert werden, dass sich die verschiedenen Gesprächsebenen auf unglückliche Weise miteinander vermischen. Denn in diesem Moment sprechen wir nicht darüber, weswegen wir eigentlich zusammensitzen, also über den Streitpunkt oder das Thema, das uns zusammengeführt hat, sondern wir sprechen dann über die Art und Weise, wie wir miteinander umgehen. Wir befinden uns in dieser Situation auf einer Metaebene. Und auf dieser Metaebene werde ich dann den

von mir wahrgenommenen Manipulationsversuch offen und direkt ansprechen. (Siehe auch den Abschnitt »Aus der Situation treten« im Kapitel »Elegante Abwehrtechniken«.)

- Gespräch abbrechen

  Es gibt Situationen, in denen alle Stricke reißen. Alle Gesprächsversuche scheitern. Dies ist für viele der schlimmste Fall. Und um diesen Fall nicht eintreten zu lassen, versuchen sie krampfhaft, ein Gespräch aufrecht zu erhalten, das oft schon längst gescheitert ist. Dies macht die Situation für alle Beteiligten meist noch schlimmer. Es handelt sich um ein Faktum, dass Gespräche manchmal erfolglos sind, dass man sich nicht einigen kann oder nicht zusammenfindet.

  Auch in diesen Situationen ist es wichtig, die Initiative zu behalten und in der Offensive zu bleiben. Wenn Sie selbst dabei die Initiative ergreifen, werden Sie den Gesprächsabbruch nicht als Niederlage empfinden; vielmehr ist er dann Ihre bewusste Entscheidung. Dieses Mittel stellt auch einen Teil der Diskussionskultur dar, und sie können es aktiv einsetzen. Sie verfügen damit auch in aussichtslosen Gesprächssituationen noch über Handlungsspielraum – und den sollten Sie nutzen.

  Beim Gesprächsabbruch können Sie so vorgehen: Sie schlagen vor, das Gespräch abzubrechen und begründen ihren Vorschlag. Eventuell präzisieren Sie die Folgen des Abbruchs. Wenn Ihnen daran liegt, bauen Sie eine goldene Brücke, eine letzte Chance, noch einmal ins Gespräch zu kommen. (Siehe auch den Abschnitt »Wie Sie ein Gespräch abbrechen« im Kapitel »Elegante Abwehrtechniken«.)

- Indirekte Angriffe abwehren
  Indirekte Angriffe sind oft deshalb tückisch, weil sie den Anschein von Objektivität wahren. Machen Sie also klar, dass von unterschiedlichen Dingen die Rede ist und kein Widerspruch zu Ihrer Position besteht. (Siehe auch den Abschnitt »Der Angriff auf die Person« im Kapitel »Argumentationsfallen und Scheinargumente«.)
- Angriff auf die Unparteilichkeit abwehren
  Versuchen Sie auf der sachlichen Ebene des Gesprächs weiterzumachen. Denn: Aus der Tatsache, dass man Interessen hat, folgt nicht, dass einem nur daran gelegen ist, seine eigenen Interessen durchzusetzen. (Siehe auch den Abschnitt »Der Angriff auf die Unparteilichkeit« im Kapitel »Argumentationsfallen und Scheinargumente«.)
- Die Wattebauschmethode
  Bei Angriffen, die besonders stark unter die Gürtellinie zielen (»Sie stehen ja sowieso nur hier, weil Sie sexuelle Probleme haben.« »Solchen Leuten wie Ihnen würde man nicht mal Asyl gewähren.« usw.) , empfiehlt sich die Wattebauschmethode: Sie fragen nach dem verbalen Angriff, ob es vielleicht noch etwas gibt, was der Angreifer an Ihnen auszusetzen oder zu bemängeln hat, etwa so: »O.K., was ist Ihnen sonst noch aufgefallen?« Eine solche Antwort wird den Manipulator vermutlich verblüffen. Es entsteht ein Moment, der einen Rückweg zur sachlichen Ebene möglich macht.

Manipulationen im Alltag

Anders als unsere Protagonisten bisher, sind wir im richtigen Leben ständig an Gesprächen und Diskussionen beteiligt, in denen wir einer Vielfalt von Manipulationstaktiken ausgesetzt sind, die noch dazu alle miteinander vermischt sind. Manche sind nicht weiter schlimm, andere extrem unfair, manche sehr versteckt und andere wieder offensichtlich oder aggressiv. Es fällt sehr schwer, die Variationen immer gleich zu erkennen und sie abzuwehren.

Schauen wir uns also an, wie es ist, wenn man mit der der ganzen Palette an Manipulationstechniken auf einmal konfrontiert wird. Unsere Wahrnehmung ist ja jetzt geschult.

Dialog 1: Eine Lösung in Sicht

Carla Conrad, Braunstein, Frau Strobel und Frau Kessler haben sich zum Gespräch zusammengefunden, um endlich eine Lösung zu finden.

❶ **Strobel:** Also ICH kann mich jeder vernünftigen Lösung anschließen. Es braucht aber auch ein bisschen Kooperation seitens bestimmter anderer Personen.

Kessler: Was wollen Sie denn damit schon wieder sagen, Frau Strobel?

Conrad: Stopp, stopp! Lassen Sie uns doch mal ganz konkret nach Lösungen suchen. Keine gegenseitigen Angriffe. Herr Braunstein, was meinen Sie?

❷ **Braunstein:** Ich glaube, jeder sieht sofort, dass die beiden Damen es nicht allein schaffen werden.

Conrad: Warum glauben Sie das?

Braunstein: Wir haben einfach schon alles versucht.

❸ **Strobel:** Genau – alles habe ich versucht. Ich bin richtig krank dabei geworden! Ich habe ja schon eine Hautallergie gekriegt bei dem ganzen Theater und Rumgezicke, die sollten Sie mal sehen Und aus so was wird ja leicht Asthma! (*den Tränen nah*) Wegen Ihnen komme ich noch in die Frührente!

Conrad: O.K. Frau Strobel. – Geht es wieder? Also wir machen das jetzt so. Frau Kessler wird in das neue Zimmer im dritten Stock ziehen.

Strobel: Aber warum denn sie? Ich habe doch viel mehr wichtige Bereiche abzudecken – ich brauche ein größeres Zimmer!

Conrad: Frau Strobel: Sie bleiben hier an Ihrem bisherigen Platz. Und Frau Kessler zieht in den neuen Raum! Und wenn Sie mal gemeinsame Aufgaben zu erledigen haben, erwarte ich von Ihnen eine kooperative Zusammenarbeit. Sie können dieses Gespräch ruhig als Gelbe Karte verstehen. Wir werden uns nicht noch einmal zu diesem Thema zusammensetzen. Alles klar?

Noch einmal zieht Frau Strobel alle Register. Wie lautet Carla Conrads Erfolgsrezept?

Lösung: So bewertet der Experte

Carla Conrad schafft es, die Lösung des Problems endlich voranzutreiben.

❶ *Also ICH kann mich jeder vernünftigen Lösung anschließen. Es braucht aber auch ein bisschen Kooperation …*
Mit kleinen bissigen Bemerkungen startet Frau Strobel Angriffe gegen die Person von Frau Kessler. Carla Conrad ignoriert diese zuerst, interveniert dann jedoch deutlich, um klar zu machen, dass es um die konstruktive Suche nach einer Lösung geht.

❷ *Ich glaube, jeder sieht sofort, dass die beiden Damen es nicht allein schaffen werden.*
Braunstein setzt hier die Evidenztaktik ein, aber Carla hakt durch eine Frage nach, um sich eine Begründung einzuholen: » Warum glauben Sie das?«

❸ *… Ich bin richtig krank dabei geworden! Ich habe ja schon eine Hautallergie gekriegt bei dem ganzen Theater …*
Frau Strobel versucht es mit einem Appell ans Mitleid in Gestalt einer massiven Lawinenargumentation. So wird aus einer kleinen Hautirritation binnen Sekunden die Frührente. Carla fällt darauf nicht herein, sondern bleibt bewundernswert positiv und kooperativ: »Geht es wieder? Also wir machen das jetzt so …«

Dialog 2: Der neue CI-Chef

Nach Hesselbachs Weggang wird bei Big!Bang diskutiert, wer die vakante Position übernehmen soll.

Conrad: Herr Braunstein, einen Moment noch. Ich möchte mit Ihnen über die Besetzung der neuen Leitungsposition in der CI-Abteilung sprechen. Nachdem Herr Hesselbach uns ja verlassen hat, hat Herr Sauertopf angeregt, Herrn Fiedler die Position zu übertragen. Was halten Sie davon?

Braunstein: Öh – joa, wenn man es gerne spannend hat –

Conrad: Was heißt das? Gibt es da etwas, was ich wissen sollte?

Braunstein: Na ja – Fiedler ist ja nicht eben bekannt dafür, fair vorzugehen. Aber wie er Hesselbach letztendlich rausgedrängt hat, das war ja nun wirklich –

Conrad: Aber, Herr Braunstein. Auch Sie hatten doch an Hesselbach und seiner Abteilung so viel auszusetzen – und mit dem Fiedler schienen Sie mir eher ein Herz und eine Seele! Also, da bin ich jetzt platt!

Braunstein: Nein, also was den Hesselbach betrifft, da fand ich eigentlich immer: tüchtiger junger Mann! Nur diese Abteilung! Es hat einfach wenig Sinn, CI und klassische PR zu trennen.

❶ Die neuesten Studien sagen ganz klar, dass es am effektivsten ist, wenn beide Bereiche gemeinsam abgedeckt werden!

❷ **Conrad:** Wo genau haben Sie das gelesen?

Braunstein: Öh – ist noch nicht veröffentlicht. Aber ein ehemaliger Kollege von mir arbeitet gerade daran und hält mich auf dem Laufenden

❸ **Conrad:** Bitte sagen Sie es mir unbedingt, wenn die Studie erscheint. Einstweilen allerdings können Sie davon ausgehen, dass wir beide Abteilungen nebeneinander bestehen lassen – das heißt, dass auch Ihre Position nicht gefährdet ist. Aber um auf meine Frage zurück zu kommen – was halten Sie von Herrn Sauertopfs Vorschlag, was Fiedler als neuen Leiter der CI angeht?

Braunstein: Also ganz ehrlich: Wenn da schon unbedingt eine neue Leitung her muss – warum versuchen Sie es denn nicht mit der Monika Glück?

Conrad: Frau Glück? Halten Sie die denn für geeigneter?

Braunstein: Unbedingt. Wissen Sie, man merkt das nur, wenn man genau hinschaut, aber die macht die ganze Arbeit für den Fiedler mit. Und der holt sich dann die Lorbeeren.

Conrad: Also so deutlich ist mir das noch nicht aufgefallen. Aber ich werde ein Augenmerk darauf richten. Wir werden die Entscheidung am besten noch etwas vertagen. Und inzwischen übernimmt Fiedler die Leitung kommissarisch.

Was hat Carla Conrad gut gemacht?

Lösung: So bewertet der Experte

Auch weniger problematische Diskussionen sind stets durchsetzt mit kleinen Ablenkungsmanövern, irrelevanten Argumenten und Themenlawinen. Im Zentrum von Conrads Gespräch mit Braunstein steht dessen auffällig eingesetztes Autoritätsargument.

❶ *... Die neuesten Studien sagen ganz klar ...*
Braunstein bezieht sich dabei auf nicht genauer bezeichnete Studien. Das soll dazu dienen, seine ursprüngliche These zu untermauern, dass die Bereiche klassische PR und CI gemeinsam abgedeckt werden sollten.

❷ *Wo genau haben Sie das gelesen?*
Auf die manipulationsresistente Carla Conrad wirkt diese Autoritätstaktik nur schwach: Sie fragt nach, wo Braunstein die Information her hat, und entlarvt damit das fadenscheinige Argument. Braunstein rettet sich in die Position, dass die Studie noch nicht erschienen sei.

❸ *Bitte sagen Sie es mir unbedingt, wenn die Studie erscheint. Einstweilen allerdings können Sie davon ausgehen ...*
Carla lässt Braunstein nicht vom Haken. Sie zeigt sich kooperativ: Sie würde dem Inhalt einer solchen Studie eine Chance geben, sofern diese jemals existieren wird. Geschickt knüpft sie daran an, dass jetzt noch andere Gesetze gelten und Braunsteins Argumentation daher ohne Schlagkraft ist. Dass ihr Interesse so ernst wie ironisch gemeint sein kann, bekräftigt ihre souveräne Position: Braunstein täte besser daran, auf windige Argumente dieser Art zu verzichten.

Dialog 3: Der Personalentwickler

Körner übernimmt die Aufgabe der Personalentwicklung. Seine erste Aktion: die Einführung von Mitarbeitergesprächen. Er beraumt in der Kantine eine Versammlung ein.

Körner: Liebe Kollegen, wir ihr ja wisst, bin ich seit Anfang dieses Monats zuständig für die Personalentwicklung.

Kollege (*ruft dazwischen*): Was ist jetzt mit dem Betriebsrat?

❶ **Körner:** Wichtig ist doch, dass was für die Mitarbeiter getan wird. Und da steht jetzt an erster Stelle die Einführung von Mitarbeitergesprächen. Viele namhafte Wissenschaftler empfehlen dieses Instrument.

Kollege: Wer denn?

Körner: Die kann ich jetzt nicht alle aufzählen, bei der Masse. Jedenfalls ist es Fakt, dass Mitarbeitergespräche für das Unternehmensklima sehr förderlich sind.

Kollege: Inwiefern denn?

❷ **Körner:** Kommunikation ist das A und O in einem Betrieb. Wenn man nicht miteinander spricht, werden Missverständnisse aufgebaut, werden Probleme nicht gelöst. Gute Kommunikation ist ein Gebot unserer Zeit.

Kollege: O.K. Aber der Betriebsrat? Für den hast du dich doch die ganze Zeit eingesetzt. Was ist jetzt damit?

❸ **Körner:** Alles zu seiner Zeit. Und wenn ich jetzt in der Personalentwicklung bin, seid ihr in den besten Händen – da braucht es vielleicht gar keinen Betriebsrat. Ich werde mein Möglichstes für euch tun, da könnt ihr sicher sein!

Welche Taktiken setzt Körner ein?

Lösung: So bewertet der Experte

Leider hat Körner noch nicht wirklich etwas dazugelernt: Er muss sich immer noch verschiedener Manipulationstaktiken bedienen, weil er keine Argumente hat.

❶ *... da steht jetzt an erster Stelle die Einführung von Mitarbeitergesprächen. Viele namhafte Wissenschaftler empfehlen dieses Instrument.*
Körner beginnt hier mit einem Ablenkungsmanöver, indem er die Aufmerksamkeit auf ein anderes Themenfeld lenkt. Dazu setzt er die Autoritätstaktik zur Unterstützung ein.

❷ *Kommunikation ist das A und O in einem Betrieb. Wenn man nicht miteinander spricht ...*
Körner bringt ein Argument, das in keinem Zusammenhang zu der These steht, die er eigentlich begründen soll (»Mitarbeitergespräche sind für das Unternehmensklima förderlich«). Sein Argument ist vollkommen irrelevant.

❸ *... Ich werde mein Möglichstes für euch tun, da könnt ihr sicher sein!*
Zum Schluss baut Körner eine Garantietaktik ein, um seine Gesprächspartner für sich zu gewinnen.

Dialog 4: Fiedlers Verhandlung

Hesselbach ist inzwischen neuer Marketingleiter bei der Firma Telespot. Als die mit Big!Bang eine Kampagne koordinieren soll, trifft Hesselbach ausgerechnet auf seinen alten Kontrahenten, Tim Fiedler.

Fiedler (*mahnend*): Äh, Hesselbach! Was machen Sie denn hier? Sie haben wohl immer noch nicht geschnallt, dass Sie Ihren Job bei uns los sind.

Hesselbach: Doch, doch – das habe ich durchaus.

Fiedler: Dann machen Sie mal gleich die Fliege, Hesselbach. Ich habe hier gleich ein Date mit dem neuen Marketingleiter von der Telespot.

Hesselbach: Der steht vor Ihnen, (*dezidiert*) Fiedler!

Fiedler: Sie machen Scherze.

Hesselbach: Keineswegs. Es ist besser, wir kommen gleich zur Sache – Fiedler: Wir von Telespot wollen die Kommunikationskampagne mit Big!Bang machen. Aber: Ich möchte das Ganze nur mit Frau Glück als Ansprechpartnerin durchführen.

Fiedler: Aber nein, das mache schon ich. Ist ja mein Bereich.

Hesselbach: In diesem Fall nicht.

Fiedler: Aber Herr Hesselbach, das sollten Sie sich gut überlegen! Sie können doch nicht –

Hesselbach: Ich kann sehr wohl. Ich möchte gern Frau Glück als Ansprechpartnerin.

Fiedler: Aber die hat doch gar nicht die Erfahrung für so ein großes Ding.

➊ **Hesselbach:** Herr Fiedler, ich möchte das Projekt gern mit Frau Glück durchführen.

Fiedler: Ja, aber die Glück –

➋ **Hesselbach:** Einen Moment bitte, Herr Fiedler: Ich habe gerade meinen Wunsch klar geäußert, aber Sie scheinen ihn nicht akzeptieren zu können. Für mich gibt es da nur noch zwei Möglichkeiten: Entweder machen Sie es möglich, dass Frau Glück die Sache übernimmt, oder wir suchen uns einen anderen Partner.

Fiedler: Das ist Erpressung.

Hesselbach: Nein, Herr Fiedler, das ist ein Angebot.

Was macht Hesselbach gut?

Lösung: So bewertet der Experte

Man sieht sich im Leben zwei Mal. Daran hätte Fiedler denken sollen. Jetzt rächt sich seine »manipulative Ader«.

❶ *Herr Fiedler, ich möchte das Projekt gern mit Frau Glück durchführen.*

Hesselbach benutzt in diesem Dialog die Methode »Schallplatte mit Sprung« (s. den gleichnamigen Abschnitt im Kapitel »Elegante Abwehrtechniken«), um sein Anliegen präzise zu unterstreichen und sich nicht von Fiedler ablenken zu lassen. Das heißt, er wiederholt und betont immer wieder, was ihm wichtig ist, worauf es ihm ankommt. Dabei liefert er Fiedler keinerlei Ansatzpunkte für neue Diskussionen.

❷ *... Ich habe gerade meinen Wunsch klar geäußert, aber Sie scheinen ihn nicht akzeptieren zu können. Für mich gibt es ...*

Als Fiedler auf sein Anliegen nicht eingeht, benutzt Hesselbach die Methode »Aus der Situation treten« (s. in Kapitel »Elegante Abwehrtechniken«, »Aus der Situation treten«). Er unterbricht das Gespräch, begründet die Unterbrechung und unterbreitet Fiedler die Optionen, die er sieht. Dabei macht Hesselbach von seiner Ausstiegsoption Gebrauch. Das heißt, er hat sich wahrscheinlich schon im Vorfeld überlegt »Was mache ich, wenn ich mit Fiedler zu keiner Einigung komme?« Die Antwort auf diese Frage stellt seine Ausstiegsoption dar. Und die präsentiert Hesselbach Fiedler nun als Teil eines Angebots, auf das dieser eingehen kann – oder auch nicht. Hesselbach bleibt hart in der Sache, ist aber gleichzeitig gnadenlos kooperativ. Er verteidigt seine Anliegen und bleibt freundlich zu seinem Gesprächspartner. Dabei greift er aber nicht selbst zu Manipulationen. Wer souverän mit den Manipulationsversuchen der anderen umgehen kann, hat das nicht nötig.

Stichwortverzeichnis

Impressum

Bibliografische Information der Deutschen Nationalbibliothek
Die Deutsche Nationalbibliothek verzeichnet diese Publikation in der Deutschen Nationalbibliografie; detaillierte bibliografische Daten sind im Internet über http://www.dnb.dnb.de abrufbar.

Print:	ISBN: 978-3-648-12338-6	Bestell-Nr.: 01306-0004
ePub:	ISBN: 978-3-648-12339-3	Bestell-Nr.: 01306-0103
ePDF:	ISBN: 978-3-648-12340-9	Bestell-Nr.: 01306-0153

Dr. Andreas Edmüller, Dr. Thomas Wilhelm
Manipulationstechniken – erkennen und abwehren
4. Auflage 2019

Redaktionsanschrift: Fraunhoferstraße 5, 82152 Planegg/München
Internet: www.haufe.de
E-Mail: online@haufe.de
Redaktion: Jürgen Fischer
Redaktionsassistenz: Christine Rüber

Satz: Reemers Publishing Services GmbH, Krefeld
Umschlaggestaltung: Simone Kienle, Stuttgart
Umschlagentwurf: RED GmbH, Krailling

Autoren

Dr. Andreas Edmüller

ist Privatdozent, lehrt Philosophie an der Universität München und hat einen Lehrauftrag für Leadership an der Universität Innsbruck. Er ist selbstständiger Berater und Trainer.
Zusammen mit Dr. Thomas Wilhelm hat er Teil 1 dieses Buches verfasst.

Dr. Thomas Wilhelm

ist mit seinem Unternehmen »Projekt Philosophie« als Berater und Trainer international tätig. Seine Fachgebiete sind Leadership, Kommunikation und interkulturelle Zusammenarbeit.
Er hat zusammen mit Dr. Andreas Edmüller Teil 1 dieses Buches verfasst, und ist Autor des Trainingsteils (Teil 2).

Weitere Literatur

»Gesprächstechniken«, von Christine Scharlau und Michael Rossié, 399 Seiten, EUR 19,95. ISBN 978-3-648-08673-5, Bestell-Nr. 00386

»Körpersprache«, von Tiziana Bruno und Gregor Adamczyk, 256 Seiten, inkl. Augmented Reality App, EUR 11,95. ISBN 978-3-648-12130-6, Bestell-Nr. 01305

»Moderation«, von Andreas Edmüller und Thomas Wilhelm, 128 Seiten, EUR 7,95. ISBN 978-3-448-06307-1, Bestell-Nr. 00687

Haufe TaschenGuides

Kompakt, günstig und einfach praktisch

Soft Skills

- Achtsamkeit in Beruf und Alltag
- Auftanken im Alltag
- Auszeit vom Job
- Besser konzentrieren
- Beziehungskompetenz im Beruf
- Burnout
- Die Kunst der Selbstführung
- Downshifting
- Emotionale Intelligenz
- Entscheidungen treffen
- Gedächtnistraining
- Gehirntraining
- Gelassenheit lernen
- Gesund und leistungsfähig im Job
- Gewaltfreie Kommunikation
- Körpersprache
- Lampenfieber und Prüfungsangst besiegen
- Lernen aus Fehlern
- Lerntechniken
- Loslassen
- Manipulationstechniken
- Menschenkenntnis
- Mit Druck richtig umgehen
- Mut
- NLP
- NLP im Berufsalltag
- Optimistisch denken
- Pausen machen munter
- Positive Psychologie
- Psychologie für den Beruf
- Resilienz
- Selbstcoaching
- Selbstmotivation
- Selbstvertrauen gewinnen
- Selbstwirksamkeit aufbauen
- Sich durchsetzen
- Soft Skills
- Souveräner Umgang mit schwierigen Zeitgenossen
- Stark und präsent auf leise Art
- Stress ade
- Stressmanagement
- Überzeugungskraft
- Willensstärke
- Wut und Ärger
- Ziele erreichen

Jobsuche

- Arbeitszeugnisse
- Assessment Center
- Jobsuche und Bewerbung
- Vorstellungsgespräche

Management

- Agiles Führen
- Agiles Projektmanagement
- Aktivierungsspiele für Workshops und Seminare
- Checkbuch für Führungskräfte
- Compliance
- Delegieren
- Führen in der Sandwichposition
- Führungstechniken
- Konflikte erfolgreich managen
- Mit Fragen führen
- Mitarbeitergespräche
- Mitarbeitertypen
- Moderation
- Neu als Chef
- Neuroleadership
- Personalmanagement
- Projektmanagement
- Selbstmanagement
- Seminare, Trainings und Workshops lebendig gestalten
- Spiele für Workshops und Seminare
- Spielregeln des Erfolgs
- Survival-Kit für Projekte
- Teams führen
- Workshops
- Zeitmanagement
- Zielvereinbarungen und Jahresgespräche

Wirtschaft

- ABC des Finanz- und Rechnungswesens
- Balanced Scorecard
- Betriebswirtschaftliche Formeln
- Bilanzen
- BWL Grundwissen
- BWL kompakt
- Buchführung
- Controllinginstrumente